グループ
ディスカッション

心理学から考える活性化の方法

西口 利文 Toshifumi NISHIGUCHI
植村 善太郎 Zentaro UEMURA
伊藤 崇達 Takamichi ITO

金子書房

まえがき

まずは時空を超えて、古代のヨーロッパへ……。ギリシャの都市国家では、エクレシア（Ecclesia）とよばれる会議が行われていました。そこでは、十八歳以上の男性市民が発言したり投票したりする権利をもっていたと知られています。古代ローマには、フォロ・ロマーノ（Forum Romanum）という長方形の広場があったことが知られています。そこでは、裁判、演説、商取引などさまざまなことが行われ、いわば市民の会合のための場所として位置づけられていました。この広場の名称は、フォーラム（forum）の語源ともなりました。これら古代ギリシャやローマの地では、民主主義の起源がみられます。政治にかかわる権利が認められた市民は、よりよい生活を実現するために話し合うことに価値や期待を見出しつつ、それがもたらす成果にも望みをもっていったと思われます。

次に、いにしえの日本へと移動してみます。聖徳太子がつくったとされる十七条憲法に目を向けてみましょう。第一条の冒頭にある「和をもって貴し……」の言葉は、よく知られていると思いますが、ここで注目したいのは、その第一条の後半部分と最後の第十七条です。そこでは、人びとはともに話しあいをすることにより、道理にかなったかたちでものごとを成しとげられる、という内容が繰り返されています。十七条憲法は、多くの人間が話しあいをすることの大切さについて、重ねて記しているのです。

では、現代に戻りましょう。職場でのミーティング、学校におけるグループ学習、家族会議、町内会の寄り合いなど、私たちは他者と話しあいをする機会をしばしばもっています。いま私たちも、話しあいという活動を大切にしています。こうした話しあいの機会について、ひとつの外来語で表そうとするならば、コミュニケーションという言葉が浮かびます。しかし、コミュニケーションという言葉を用いてしまうと、雑談、おしゃべり、世間話をも含めることになります。職場でのミーティングや学校のグループ学習などは、雑談やおしゃべりなどとは一線を画すものといえます。両者は、何がちがうのでしょう。

両者を区別する視点として、それぞれのコミュニケーションをしている私たちの内面に着目してみましょう。職場でのミーティングなどの活動では、コミュニケーションを行う個人間に共有された問題や目標があり、私たちはやりとりを通して何らかの結論を導こうとします。他方、雑談、おしゃべり、世間話ではどうでしょう。その話題において実りある結論を導けるかどうかについて、私たちはほとんど執着していないでしょう。

先にあげた職場でのミーティングや学校におけるグループ学習などのコミュニケーションの機会は、漢字を用いた言葉であれば「議論」「討議」「集団討論」など、英語由来の外来語としては「グループディスカッション」が該当します。そのうえで、こうしたコミュニケーションの機会に関する、これまでの客観的な分析や記述に注目してみると、早くから先行研究が海外で行われてきたことがわかります。本書では、そうした分析や記述を参照しつつ、他者とのやりとりの特徴について整理していきます。そして、これらを総称して、日本でも定着している「グループディスカッション」という用語を統一的に用いて論を進めたいと思います。

さて、人と人とのコミュニケーションが行われる場であれば、いつの時代でも、どこでも、だれもが、グループディスカッションを円滑に行うことになるのでしょうか。人間がグループディスカッションを実践し、発展させてきたとすれば、そこでは一定の言論の自由が認められ、話しあいの重要性が強調されてきたという社会・文化的な背景があったからではないでしょうか。古代ギリシャやローマ、あるいは日本の十七条憲法は、まさに話しあいの重要性が保障された社会・文化的な背景があった例ともいえます。すなわち言論の自由が保障されていない社会・文化的な背景のもとでは、グループディスカッションという、ある意味、特殊なコミュニケーションが表立って発展することは、あまり期待できないでしょう。

他方で、グループディスカッションがかならずしも合理的に私たちを幸せにするとはかぎりません。古代ギリシャのプラトンは、民主主義が皮肉にも衆愚政治をもたらすことを指摘しています。グループディスカッションの活動が、ときに人間を誤った方向へと導く可能性もあることへの警鐘であるともいえます。

さらに、グループディスカッションを、ある企画者が意図的に特定の集団に働きかけて促す際には、別の課題もあります。幕末の日本で吉田松陰は、討論、つまりディスカッションの重要性を説いていました。「諸生に示す」という文章の中で、「沈黙自ら護るは、余甚だ之れを醜む（沈黙を続けることについて、私はあまり望ましくは思わない）（筆者現代語訳）」と述べています。古川薫氏が著した『松下村塾』（二〇一四年、講談社学術文庫）でもこのことへの指摘がありますが、松陰は討論に力を入れていたにもかかわらず塾生たちが活発な話しあいをしようとしない現実を、不満に思っていたのではないでしょうか。質の高いグループディスカッションを企画するには、話しあいがもたらす結果への期待や話しあい自体の価値について、単に伝えるにとどまらず、その場の参加者への何らかのしかけが求められるのです。

元来、グループディスカッションには、どのような特徴があるのでしょうか。グループディスカッションが、雑談のような自由な会話、ディベートなどのコミュニケーションと何がちがうのかという説明も含め、その特徴をわかりやすくまとめた書籍は、国内にはほとんど見あたりません。

本書の目的は、グループディスカッションがどのような特徴をもつコミュニケーションなのか、さらにはどのような意義や課題をもった活動であるのかを紹介することです。とりわけ気をつけておきたいことは、グループディスカッションをどのように取り入れるかによって、役に立つこともあれば、効果がみられないこともあれば、むしろ逆効果に終わることもあるという点です。そのため、グループディスカッションから恩恵を受けるために重要なさまざまな条件を盛り込む必要があると考えました。

グループディスカッションの特徴、意義、課題をまとめるには、科学的な視点が不可欠です。グループディスカッションは対人的で知的なコミュニケーションであり、その成員の内的および外的な行動の相互作用によって展開されます。このことから、人間の内面および行動、さらには相互作用を科学的に扱う教育心理学や社会心理学をはじめとした心理学の分野から導かれてきた知見は大きな拠り所となるでしょう。グループディスカッションがわれわれに恩恵をもたらす条件を分析するためにも、その特徴や意義などについて、執筆者たちの専門的領域である心理学の視点をふまえての考察を試みました。

本書は、四つの章と座談会からなります。第一章は、グループディスカッションとはいかなる活動をさすのかがテーマです。本書におけるグループディスカッションの定義を行い、グループディスカッションの代表的な形式や手続き、グループディスカッションに類似した別の活動とのちがいなどについてまとめています。また世の中のグループディスカッションが、四種類の異なる目的にそって行われていることにもふれています。第二章では、グループディスカッションの特徴について、教育・学習の視点からまとめています。グループディスカッションは、学校などの教育の場で注目されていますが、その背景には、学力を含む一人ひとりの参加者の能力を高めたい、という目的の実現につながることへの期待があるからでしょう。グループディスカッションの実践が、参加者たちの種々の能力を高め、そして良質なグループディスカッションが実現される、という条件について、近年注目されている自己調整学習やその発展形である社会的に共有された学習の調整（ＳＳＲＬ）といわれる理論を中心に扱っています。第三章では、社会心理学の視点から、グループディスカッションの特徴についてまとめています。グループディスカッションを行うと、集団で共有された問題の解決や目標の達成という、グループディスカッション本来の目的を果たすことが期待できる一方で、いざやってみると困難を感じる、という経験をしている人は多いようです。問題解決や目標達成に向けてグループディスカッションを行うことの利点をまとめつつ、適切な解決や達成がはばまれるという難しさを生み出す現象や要因、さらには日本でグループディスカッションを行うことにともなう社会・文化的な課題について述べています。第四章では、われわれがグループディスカッションを行う際に留意すべきことや工夫すべきことについて、「価値」「責任」「知識・技能」というキーワードをもとに、第二章、第三章の内容にもふれつつ、四種類の目的ごとにまとめています。最後に、グループディスカッションの可能性ならびに課題を、執筆者たちによる「グループディスカッション」としてまとめた座談会を収載しています。

グループディスカッションに興味をもっておられる一般読者のみなさんをはじめ、グループディスカッションを教育現場へ効果的に取り入れたいと切望している教師・教育関係者・研究者、グループディスカッションの知見を理解して現実の生活場面で活かしたいと考えている方、就職活動中の学生や企業の人事担当者などに、本書が届くことを願っています。そして、グループディスカッションについての理解を深め、さまざまなシーンで積極的にその機会を設けたり、有意義に参加したりするのに役立てていただけますとうれしいです。

執筆者を代表して　西口利文

目　次＊グループディスカッション――心理学から考える活性化の方法

第二章　学習の視点からみたグループディスカッションの特徴　伊藤崇達　23

第三章　社会・文化の視点からみたグループディスカッション　植村善太郎　59

第四章　グループディスカッションの実践における留意点と工夫　西口利文　97

装幀　高石瑞希

第一章
グループディスカッションとは

西口利文
植村善太郎

第一節　グループディスカッションの定義

「グループディスカッションとは、何でしょうか？」

大学生たちにこう質問すると、卒業後の進路を意識した上級学年からは、「就職」という言葉を含んだ回答が多く返ってきます。企業の社員採用の選考方法として、グループディスカッションがよく実施されているからです。

グループディスカッション（group discussion）の和訳は「集団討論」あるいは「集団討議」です。このうち集団討論という言葉は、グループディスカッションと同様に就職活動の場面で少なからず聞かれるものです。たとえば、公務員試験では、集団討論という呼称を用いてグループディスカッションによる選考が行われています（第三章第三節参照）。

インターネットの検索エンジンとして知られるグーグルを用いて「グループディスカッション」や「集団討論」を検索してみると、「グループディスカッション」は約九二七万件、「集団討論」は約四三六万件（二〇一八年十二月二十七日現在）がヒットします。いずれの検索結果でも、圧倒的に上位のページとしてヒットしてくるのは、就職活動対策に関するサイトです。また、英語の「group discussion」で検索すると、約一三億三〇〇〇万件（二〇一八年十二月二十七日現在）がヒットしますが、上位の検索結果として出てくるのは、同じく組織での選考や採用を行う手段というような説明がなされた英文記事です。

このように、グループディスカッションは、就職試験の選考とつながりが深いものとして社会に定着していることがわかります。グループディスカッションを行う人たちの様子を観察することは、それまで面識のない選考対象者たちが、どんな能力や資質を有しているかを把握するのに好都合なのでしょう。

ここで、グループディスカッションが辞書ではどのように定義されているかを確認してみましょう。英語の group discussion にさかのぼり、*Merriam-Webster Dictionary*（ウェブスター辞典）のオンライン版（https://www.merriam-webster.com/）をみてみると、「何らかの共有された活動、関心、あるいは特性によって結びついた複数からなる人物による討論（筆者訳　注＊1）」と定義されています。別のオンライン辞書の *The Free Dictionary*（https://www.thefreedictionary.com/）には、「合意された（真面目な）論題を共有する参加者間での討論（筆者訳　注＊2）」と記されています。

次に、グループディスカッションについて概説した文献に示されている定義を確認してみます。タイトルに group discussion を含む英語の文献で、その定義を示しているものを調べてみると、いくつかの著書に行きあたります。

古典的な名著である、*Handbook of Group Discussion*（Wagner & Arnold, 1950）をみてみると、グループディスカッションは次のように定義されています。「反省的思考による協同的な問題解決を目的とした集団による討議。通常はリーダーの指導のもとで口頭による論理的な話しあいを通じて行われる（筆者訳　注＊3）」。

さらに比較的近年の著書、*Effective group discussion: Theory and practice, 14th ed.*（Galanes & Adams, 2012）は、「small group discussion」に関して、次のように定義しています。「理解深化、活動調整、共有された問題解決などのような、何らかの相互依存的な目標達成をするために、小集団の人々が互いにコミュニケーションを取ること（筆者訳　注＊4）」。small（スモール）、つまり「小」と訳出した点を差し引けば、group discussion の定義とみなせそうです。

また、小川一夫監修の一九九五年に出版された「改訂新版　社会心理学用語辞典」（北大路書房）の市河淳章による「集団討議（group discussion）」の説明では、シンプルに次のように定義されています。「集団としての一致した結論を見いだすために行なわれる組織的話し合いをいう。集団討議は、情報の収集・交換、問題解決、集団成員の能力判定、人間関係改善訓練、社会心理学の実験事態の構成や面接法としても用いられる。……(以下略)」(市河　1995, pp.156-157)

これらのグループディスカッションの定義をまとめると、次の三つの性質を認めることができます。

①集団による相互的なコミュニケーション
②共有された問題解決や目標達成を目的としたコミュニケーション
③思考に支えられたコミュニケーション

そこで、本書では、この三つの性質を含んでいるかどうかをふまえて、グループディスカッションを次のとおり定義します。

集団の中で共有された問題解決や目標達成を目的とした、思考に支えられた相互的なコミュニケーション

本書ではこの定義に基づいて、グループディスカッションの特徴や課題などについてまとめていきます。集団の人数については、グループディスカッションを定義する人によって「二人以上」「三人以上」と異なっていることがありますが、本書の定義ではその点について明確に区別はしません。グループに着眼したディスカッションという視点から、少人数から多人数でも成り立つディスカッションを念頭に話を進めます。

また、一般には「集団討論」や「集団討議」よりも、「グループディスカッション」というカタカナ語が定着しているようです。そこで本書でも、グループディスカッションという言葉を、統一的な表現として用いることにします。

この定義に基づくと、グループディスカッションには幅広い活動を含めることができます。冒頭でグループディスカッションという言葉からは、「就職試験」がイメージされることが多いと述べました。しかし、グループディスカッションにはこれまでの研究や実践の中で多様な活動を含んできましたし、就職試験以外にもさまざまな形態の活動が包含されます。家族旅行の行き先を決めるための「家族会議」、企業でのＰＲ方法を決めるための「広報会議」、入学試験として行われる「集団討論」などは、身近にイメージしやすいかもしれません。さらには、地球温暖化問題についての認識を深めるための「フォーラム」、学習の場でアクティブ・ラーニングの一環として生徒同士が行う「グループ学習」など、場所や参加する人、そして期待される機能において、多種多様な活動がグループディスカッションに含むことができると考えられます。

このようなことを念頭に置き、グループディスカッションのかたちについて詳しくみていきたいと思います。

第二節　グループディスカッションのかたち

（1）グループディスカッションの代表的な活動形式

グループディスカッションについての具体的なイメージがもてるように、グループディスカッションの代表的な形式を紹介します（図1-1、図1-2参照）。アメリカ合衆国農務省（United States Department of Agriculture, 1942）は、グループディスカッションに該当する代表的な形式について紹介しながら、それぞれの定義を行っています。またその五年前に出版された、*Modern group discussion: Public and private*（Judson & Judson, 1937）も、グループディスカッションにまつわる歴史や目的、意義に加えて、先の著書と同様に、代表的な形式についてまとめています。これらの著書をふまえつつも、本書の定義にそったグループディスカッションの代表的な形式を身近なものから紹介します。

①日常的な状況での話しあい

前述の市河（1995）では、「集団としての一致した結論を見いだすために行なわれる組織的話し合い」とグループディスカッションが定義されており、その一つめの類型に、「(1)自由討議（free discussion）　参加者が比較的固定的な枠に縛られないで自由に意見を述べ合うやり方」があげられています。こうした、明確な形式のないかたちでの話しあいは、Judson & Judson（1937）でも「インフォーマルディスカッション」という概念

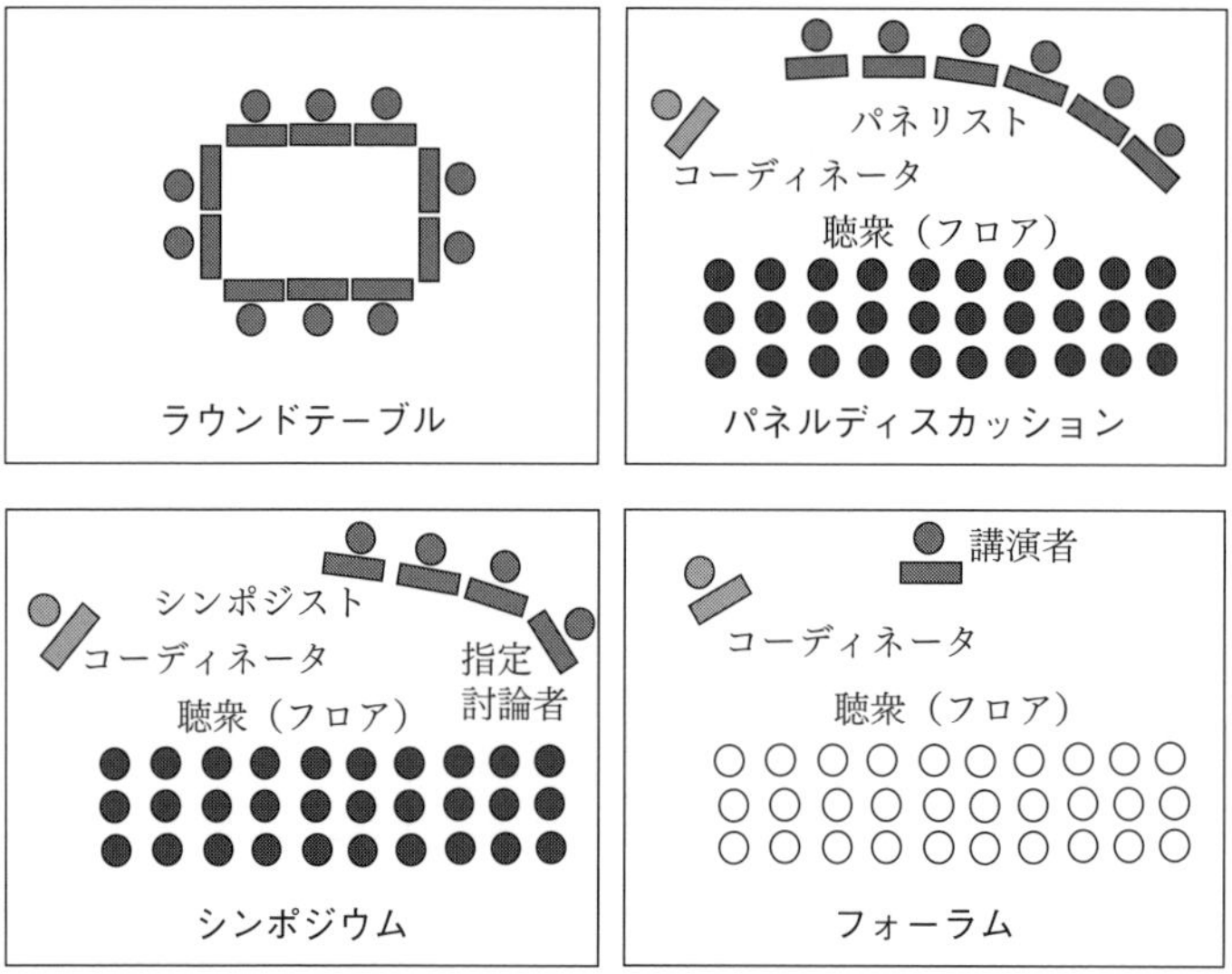

図 1-1　グループディスカッションの代表的な形式のイメージ

で取り上げられており、グループディスカッションの具体的な姿のひとつでしょう。

たとえば、バレーボール部員が、水分を補給しながら休憩している際に、誰からともなく直前の練習で気づいた課題を話題にして、それを聞いた別の部員が意見を示し、さらにそれに応じる別の部員が現れ、まわりの部員たちもしだいに話題に加わって話し合うというような状況や、家族で夕食をとりながら、夏休みの旅行先を全員が意見を出し合いながら考えるといった状況です。かしこまった話しあいとは大きく異なりますが、先にあげた定義に合致するので、グループディスカッションといえます。

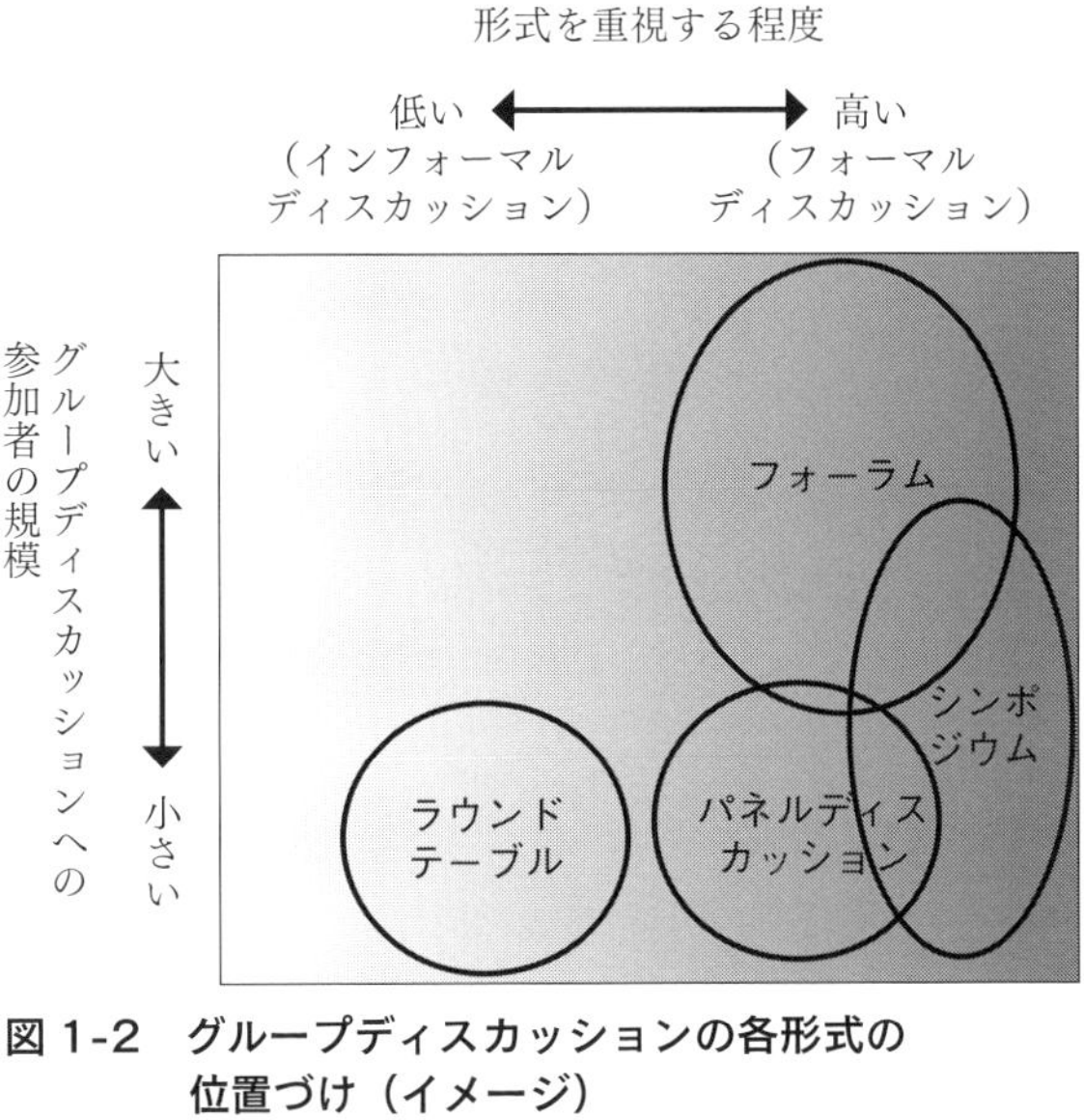

図 1-2　グループディスカッションの各形式の位置づけ（イメージ）

②ラウンドテーブル

参加者がテーブルを囲むように座り、全員がグループディスカッションに参加するかたちで進められます。参加者全員がお互いに向き合いながらディスカッションができるように、机は「ラウンドテーブル」、すなわち円卓ならば文字どおり理想的です。ただし机の形自体が本質的な意味をもつわけではありません。むしろ、各参加者の表情や身振りなどについて、お互いが身体を大きく動かさずとも確認ができるように、机のサイズや配置を工夫すればよいといえます。もっとも物理的な制約から、参加者は少人数であることが前提となります。

原則として、参加者は、全員が公平な立場でその場にかかわることになりますが、そのなかでもリーダーとなる参加者の役割は重要です。リーダー（議長）には、問題提起の役割を任されるばかりでなく、ディスカッションを軌道に乗せ、グループでの話しあいの進捗状況を適宜要約することが期待されます（United States Department of Agriculture, 1942）。そのため、あらかじめ選ばれたリーダーのもとで、ラウンドテーブルが行われることもあります。

③パネルディスカッション

パネルディスカッションの「パネル」とは、陪審員団を表すパネル（panel）から借用されたものです（Judson & Judson, 1937）。パネルディスカッションの会場は、一般的に壇上に着座したパネルのメンバーと、フロアの聴衆とで構成されます。パネルのメンバーは、パネリストとよばれます。パネリストの適正な人数は、Judson & Judson（1937）によれば、リーダー（議長）を含む四～八人であり、それより多くなっても陪審員制度の最大数に相当する十二人程度です。そのうえでパネリストは、与えられた議題に基づいて、ディスカッションを行います。ラウンドテーブルと同様に、リーダーの重要な役割は、グループディスカッションの円滑な進行を支えることです。

さらに、リーダーには、聴衆（フロア）もグループディスカッションに適宜加われるように、会場の運営を担うことも期待されます。その役割の重要性から、会場全体の調整役ともいえるコーディネータが置かれることもあり、その場合は、コーディネータが会場の運営を担うことになります。

なお、パネルディスカッションでは、パネリストが議論を深めるだけでなく、聴衆が、議題に対して幅広い視点や考え方を理解したり、深く思考したりすることが期待されます。そのためパネルディスカッションの企画では、議題に対するパネリストたちの立場や意見に偏りが生じないように、公正な人選が求められます。

④シンポジウム

シンポジウムは、会場の物理的な環境についてはパネルディスカッションと類似しています。壇上のメンバーはシンポジストとよばれますが、パネルディスカッションとの大きなちがいは、与えられた課題に基づいて、複数からなるシンポジストは、それぞれの立場から、講演や話題提供を行っていくというかたちで進行する点にあります。

シンポジストによる講演や話題提供が行われた後には、コーディネータの進行によって、グループディスカッションがしばしば行われます。たとえば、壇上には、シンポジストに加えて、聴衆を代表するかたちで、指定討論者となる人物をあらかじめ決めておき、そのうえでグループディスカッションが行われたりします。コーディネータの会場の運営のあり方によっては、聴衆（フロア）も参加しながらグループディスカッションが行われることもあります。

⑤フォーラム

フォーラムは、事前に指名された講演者（単独の場合もあれば複数の場合もある）による講演の後で、聴衆（フロア）が話しあいに参加するという形式が、一般的にみられる手続きです。具体的には、講演が行われた後で、口頭、あるいは文書を通じて、聴衆からの質問や意見などが投げかけられます。そして、コーディネータなどによる進行のもと、この質問や意見に対して、講演者が応答するというかたちで進められます。さらに、参加者全体によるグループディスカッションが行われていくことになります。

元来、フォーラムは、聴衆による意思決定を目的とした会合をさしていました。現在では、かならずしもそれがフォーラムの最終目的になっているわけではないようです。もっとも、フォーラムの元々のこうした経緯もあり、フォーラムがとくに重視していることは、会場のすべての参加者、つまり聴衆によるグループディスカッションの機会を保証する点にあります。この点において、パネリストやシンポジストの参加や発言が中心に扱われがちなパネルディスカッションやシンポジウムに比べて、聴衆によるグループディスカッションへの参加や発言は、より重要な意味をもっています。

(2)「企画者の目的」からみたグループディスカッションの類型

グループディスカッションには、上記のような異なる活動形式があります。それに加えて「企画者の目的」、すなわち企画者がどのような機能を期待してグループディスカッションを行うかということから類型を考えることもできます。以下に、機能の観点からグループディスカッションの類型を検討しましょう。

①組織や集団での問題解決や目標達成自体をめざすもの(問題解決・目標達成指向)

解決すべき問題、達成すべき目標など、共通した目的をもった組織では、グループディスカッションが有効に活用されている機会が多くみられます。

たとえば、企業であれば、顧客を増やしたり利潤を最大化したりすることは、社員の共通した目的です。そこで行われる、企画会議、営業会議、予算会議、編集会議などの業務上の会議は、まさにグループディスカッションです。また、地域の自治会であれば、地域の安全対策、町内イベントの企画を検討する会合、家族であれば、いわゆる家族会議とよばれる、夏休みの旅行先の検討、子どもの進学先の検討など、目的がその成員で共有されたやりとりは、グループディスカッションとよべるでしょう。第四章第五節（1）の「問題解決・目標達成指向」も参照してください。

②参加者集団の能力を高めることをめざすもの（集団教育指向）

グループディスカッションは、学校教育の場でも実践されています。それは、グループディスカッションの活動を通じて、学習者たちが、お互いの知識や思考を伝え合い、それをもとに個々がさらに思考を深め、そして並行してコミュニケーションスキルを高めるという教育目的に資すると考えられているからです。

近年、大学教育の改革という視点から、アクティブ・ラーニングの重要性が指摘されるようになってきています。中央教育審議会の答申（二〇一二年八月二十八日）としてまとめられた『新たな未来を築くための大学教育の質的転換に向けて――生涯学び続け、主体的に考える力を育成する大学へ』に添えられた用語集（https://www.mext.go.jp/b_menu/shingi/chukyo/chukyo0/toushin/1325047.htm）において、アクティブ・ラーニングは次のように説明されています。

「教員による一方向的な講義形式の教育とは異なり、学修者の能動的な学修への参加を取り入れた教授・学習法の総称。学修者が能動的に学修することによって、認知的、倫理的、社会的能力、教養、知識、経験を含めた汎用的能力の育成を図る。発見学習、問題解決学習、体験学習、調査学習等が含まれるが、教室内でのグループ・ディスカッション、ディベート、グループ・ワーク等も有効なアクティブ・ラーニングの方法である。」

アクティブ・ラーニングの考え方は、その後、二〇一七年（小学校、中学校）、二〇一八年（高等学校）に告示された「学習指導要領」において、「主体的・対話的で深い学び」として受け継がれました（文部科学省　2017a, 2017b, 2018)。すなわち、グループディスカッションは、幅広い校種にわたる学校教育を支える活動の手立てとして関心を集めるようになっているのです。第四章の「集団教育指向」も参照してください。

③個人の適応支援や問題解決をめざすもの（個人の適応支援・問題解決指向）

社会への適応や問題解決の支援を求めている個人に対して、対人能力を高めたり、自分の特徴などへの気づきを促したりすることを目的として、グループディスカッションが活用される場面があります。たとえばコミュニケーションが苦手な学生たちを集めて、グループディスカッションを企画するというような取り組みです。個々の参加者にとっては、グループディスカッションを通じて、コミュニケーション能力を少しでも高めるという意義があります。

こうした場面でのグループディスカッションの意義は、それだけにとどまりません。企画者においては、そこでの参加者である学生の振る舞いなどを観察することにより、当該学生におけるグループディスカッションを通じた能力向上の可能性、あるいは課題などを分析し、学生への継続的支援に活かしていくことができます。別な言い方をするならば、こうしたグループディスカッションは、企画者にとっては、参加者の現状の能力について、いわばアセスメントという査定を行う意義も存在しています。

また、アルコールや薬物への依存症などの問題解決をめざした集団での活動として、集団心理療法が知られています。もちろん、依存症からの回復は、あくまでも個人的な問題であり、各個人が自らの問題解決をめざすものです。しかし、依存症のような問題に関しては、当事者である一人ひとりが、自分だけの力でその解決に向き合うことは難しいという現実があります。依存症から回復するには、その対象への欲求を断ち切ろうとする強い意志をもち続けることが求められるからです。そこでアルコールや薬物への欲求を、人間がもつ社会的な承認欲求や社会的圧力という別の心理的なメカニズムと拮抗させることもねらいとして、同じ問題を共有する者が集まって、一緒に解決をめざすのです。こうした機会に、グループディスカッションが手段的に用いられる場合があります。その際にも、企画者である支援者にとって、依存症を患う参加者を観察することが、今後の適切な支援につなげていくアセスメントになるのです。

以上のような、参加者における問題解決、企画者におけるアセスメントは、「集団教育指向」のグループディスカッションにおいても行われています。ただ、個人のニーズに応じた適応支援や問題解決に焦点化されている点では、独自の指向をもっているとみなせます。こうしたグループディスカッションについては、第四章第五節（3）の「個人の適応支援・問題解決指向」も参照してください。

④参加者の選考をめざすもの（選考指向）

グループディスカッションという言葉が明示的に用いられ実践されている代表的なものといえば、なんといっても就職の選考試験や入学試験でしょう。そこでは人事担当者が社員採用の選考を目的として、入試の担当者が合否判定を目的として、応募者によるグループディスカッションの機会を企画します。企画する側が用意したテーマについて、複数の候補者がグループディスカッションを行い、その様子によって選考が行われます。第三章第三節、第四章の「選考指向」も参照してください。

第三節　グループディスカッションに近接した集団での活動

グループディスカッションに類似してはいても、グループディスカッションとは区別される活動がありま す。本書で述べるグループディスカッションをより深く理解する目的で、それらの活動についても検討してみましょう。

(1) ディベート

ディベート(debate)は、課題としてあらかじめ設定された意見(例題「中学生は、部活動を行うべきである」)に対して、その意見の賛成側と反対側の二つのグループに分かれて、自身が属したグループ側の意見の望ましい理由、相手側の意見の望ましくない理由を論じながら、相互のグループの論理的な主張のどちらがより優れているかを競い合う活動です。

ディベートがグループディスカッションと大きく異なるのは、「共通した問題解決や目標達成をめざさない」コミュニケーションであることです。つまり、ディベートは、二つのグループが自身の側の主張の正しさと相手側の主張の不適切さを論理的に示しながら競い合うものですので、グループディスカッションの定義に含まれる、「集団の中で共有された問題解決や目標達成を目的」としてはいません。二つのグループが主張を歩みよらせて一つの大きなグループになって、建設的な意見をつくりあげることは、そもそも前提としていません。

(2) ブレインストーミング

ブレインストーミング(brainstorming)とは、Osborn(1953)によって提唱された、集団で創造的な思考をすることを目的とした活動の手法です。参加者の脳(brain)を活用して、創造的な問題に激しく襲いかかること(storming)、といった意味があります。参加者は、ある課題について思い浮かぶかぎりのアイデアを出すという活動を行います。その際に、しばしば付箋などが活用され、一つの付箋にひとつのアイデアを記していき、それらを模造紙に貼りつけていくことにより全体で共有していく、ということが行われます。

グループディスカッションとのちがいは、個々のアイデアや意見に対して、原則として意見交換がなされない点です。ブレインストーミングの目的は、ある問題や目標などに対して、アイデアをできるだけ多く網羅的に引き出すことにあります。こうした目的をもった活動ですので、ブレインストーミングで出てきた一つひとつのアイデアに対して、参加者間での意見交換は行われません。

（3）グループワーク

ワーク（work）は、仕事、作業、勉強、研究という意味をもっています。つまりグループワークは、こうした活動を集団で実践することを総称したものです。仕事、作業、勉強、研究といった活動の過程には、グループディスカッションを含むこともありえますが、必ずしもそれだけで完結するわけではありません。

たとえば、心理教育の目的で行われる表情やしぐさだけを用いた「話しあいによらない活動」も、グループワークには含まれます。すなわち「グループディスカッションは、グループワークの一部に含まれる」という、包含関係にあるととらえることができます。

グループで行われる活動という点では、これらの活動はグループディスカッションに共通するものです。しかし、先述のように、これらは本書で扱うグループディスカッションの定義からは完全に外れるか、あるいはグループワークのようにグループディスカッションの定義から一部が外れるのです。

いずれの活動においても、グループディスカッションの活動と連続的なかたちで併用することはできます。工夫しだいで、グループディスカッションの活動がもたらす恩恵を得られることについて、さらに促進することもあるでしょう。

たとえば、ある組織における問題を整理したり、あるいは目標達成に向けたアイデアを創出したりするには、ブレインストーミングはたいへん有意義です。その後で、そこで明確化された問題や、引き出されたアイデアをもとに、当初の問題解決や目標達成に向けて、思考をともなった相互的なコミュニケーションをとることで、グループディスカッションの活動へ移行することはできます。あるいは、あるテーマについて二つのグループがディベートを行うことで、まずはそのテーマに基づいて行動をすることあるいはしないことの利点や問題点を明確にしていくことが期待できます。その後、二つのグループが合同して、明確になった論点をふまえつつ、当該のテーマにまつわる問題解決や目標達成についてのグループディスカッションを行う、という例も考えられるでしょう。

第四節　現実場面でのグループディスカッションに関する課題

ここまでグループディスカッションとは何かについて、その定義と、実際の場面における類型を検討してきました。

本章の最後の節として、ここでは、グループディスカッションという活動につきものである課題を確認します。課題を意識化することは、次章以降への「推進力」になると考えられます。グループディスカッションすべてが、直接的に私たちの幸福に結びついているとはいえません。むしろ、グループディスカッションには課題が常に付随していると考えるべきかもしれません。

以下では、グループディスカッションにおける課題の具体例をあげます。これらの事例を知ることで、グループディスカッションには乗り越えるべきさまざまな課題が存在することを確認したいと思います。

（１）グループディスカッションはアクティブなラーニングを生み出すか
――授業におけるグループディスカッションの課題

「ロボットは東大に入れるか」プロジェクトを知っていますか。「東ロボくん」と名づけた人工知能を育てていき、東大合格をめざしながら、人工知能の可能性と限界とを解明しようとするプロジェクトです。そのプロジェクトディレクタの新井紀子氏による著書に、『ＡＩ vs 教科書が読めない子どもたち』（東洋経済新報社）があります。

この書籍において、新井は現在のＡＩに関する研究を一般にもわかるように説明すると同時に、ＡＩが苦手とする文章を読んで理解する力、すなわち基礎的読解力を現在の人間がどの程度有しているかを、調査データに基づいて解説しています。この本の中に、アクティブ・ラーニング、そしてグループディスカッションの課題にかかわる興味深い記述があります（新井　2018, pp.236–239）。

そこではグループディスカッションが、生徒たちや一般の大人を誤った答えに導いてしまった二つの例があげられています。一つは、テレビ番組において、「○○は熱いうちに打て。さて、○○に入る言葉は？」ということわざに関するクイズが四人の女性海水浴客に出題された場面のものです。問いを出された人たちは、最初はなかなかこれといった答えが見つかりませんでしたが、一人の人が「悪じゃない？」と回答し、ほかの三人がそれに同調し、四人の回答は「悪」に決まってしまったそうです。

もう一つは、ある小学校における星の光に関する学習場面のものです。そこでは、遠くにある星の光は、何万年も前に輝いた光が今見えているという先生の説明の後で、「では太陽の光はどうなのか」という疑問が学級であがったそうです。ここでも、ある一人の子どもが太陽の光は今光ったものであると意見すると、ほかの生徒もその答えに同調してしまい、太陽は今光った光が届いていることになったそうです。

著者は「答えを知っているものにとっては珍答である解答が、それを知らなかった四人(の海水浴客)にとって、一番確からしい解答になっていく過程に驚いたのです。つまり、『推論』が正しくできない人ばかりが集まってグループ・ディスカッション(原文ママ)すると、このような事態に陥ってしまう危険性が高いことを思い知った」(p.237( )は筆者補足)と述べています。そして、「アクティブ・ラーニングはこんな危険性を孕んでいるのです。」とまとめています。

この新井(2018)の懸念は、学校におけるアクティブ・ラーニング、そしてその実践としてのグループディスカッションにおいて、頻繁にみられる種類のものでしょう。たとえば、枝川ほか(2016)は、グループディスカッションにおいて、役割を指定しないと、声の大きな生徒の意見が通りがちで、議論が活発にならないと指摘しています。アクティブ・ラーニング、そしてそこで用いられるグループディスカッションには、ほかにも課題は考えられます。

たとえば、先にあげた枝川ほか(2016)は、アクティブ・ラーニングに対して現場の教員が感じている課題を報告しています。そこでは、アクティブ・ラーニングに関する教師同士での意見交換会で出たコメントが整理されていますが、多くの人が共通して感じるであろうものを取り上げると、次のような課題があがっていました。⑴生徒の興味、関与度、発言量のばらつき、⑵他人とかかわることが苦手な子どもへの対応、⑶知識、教養がないと展開できない、深く考えられない、⑷評価の難しさ、⑸クラスごとのばらつき、⑹時間がかかる、⑺教員にも生徒にもスキルが必要、⑻科目や単元による利用しやすさのちがい、などです。

筆者も実践のなかでこれらの課題にはよく直面します。授業における話しあいを通しての学習には、主体的、対話的といった明るい面が世間では強調されていますが、その一方で、そうしたメリットがむしろ困難な点に転化している状況もまれではありません。グループディスカッションは、アクティブなラーニングを生成するひとつの方法として導入されていますが、それを有効に機能させることは簡単ではなさそうです。

前節で述べたように、教育現場においてアクティブ・ラーニングが推進され、その一つの方法としてグループディスカッションは、昨今、ますます重要な活動になっています。本書の以降の章では、教育現場におけるその重要性を念頭におきながら、グループディスカッションについて検討していきます。

(2)「会議」という難題
——集団的な意思決定における課題

私たちの社会生活におけるグループディスカッションとして、最も身近なものは「会議」でしょう。日本企業における会議時間を推計すると、非役職者で一週間に三・一時間、年間一五四・一時間を、部長級で一週間に八・六時間、年間四三四・五時間を費やしており、従業員規模一万人以上の企業の部長級にかぎると、年間六三〇時間にのぼるという報告があります(パーソル総合研究所 2018)。非役職者として三〇年間働いたとすると、会議時間は四六二三時間になります。一日八時間勤務だとすると、約五七八日となり、三〇年間のうち、二年ほどの期間はずっと会議をしている計算になります。もちろん、これは三〇年間ずっと役職に就かずに働いた場合ということですので、会議時間はこれよりもずっと増えることが多いでしょう。

もちろん、職業や個人の立場などによって、会議に費やす時間は異なると考えられます。しかし、学校でも、役所でも、建設現場でも、飲食店でも、そこでどのような名称がつけられているかはともかく、そこにいるメンバーが集まって、仕事のしかたを決めたり、新たな課題について情報共有したりする場は不可欠です。それを会議というならば、私たちの生活において、会議はつきものだといえるでしょう。

会議は、私たちの生活に密着していて、いわばありふれたものですが、だからといって私たちが会議を使いこなしているかというと、そうともいえません。むしろ会議という名のグループディスカッションがうまくいかないことはままみられます。

一例としては、「小田原評定」という言葉があります。これは、「長引いてなかなか決定しない相談」を意味するとされています（広辞苑〔第六版〕）。一五九〇年に豊臣秀吉が北条氏政、氏直の小田原城を攻囲した際に、小田原城中での和戦の協議が長引いて、結論が出なかったことに由来しているといわれています。

こうしたグループディスカッションの難しさは、今日でもさまざまなところでみられます。朝日新聞による会議についての特集記事「フォーラム　カイシャの会議」（朝日新聞　2019）には、朝日新聞デジタルが実施した組織で働く人を対象としたアンケート結果が掲載されていました。そこには、会議が「会議で決定した」という事実をつくるための結論ありきのものになっている、権限者が介入して活発な議論が生まれない、時間が長すぎる、目的がはっきりしない、結論が出ない、物事が決まらないなどの問題点があげられていました。

複数の人が、一つの結論に到達することは、昔も今も容易ではないということでしょう。とはいえ、さまざまな課題を有しつつも、「まえがき」で述べられたように、話しあい、すなわちグループディスカッションは、古代から人間社会において大切にされ、実践されてきた活動です。私たちが会議を廃止することはないでしょう。むしろ科学技術の発展、経済環境や地球環境の変化によってめまぐるしく動き続ける不確実な世界の中で、私たちが少しでもよい決断をするために会議の重要性は高まっていくように見通されます。

本書の以降の章では、集団での意思決定としてのグループディスカッションについても考えていきます。

注

＊1　原文は次のとおり（以下、同様）。a discussion involving a number of people who are connected by some shared activity, interest, or quality.

＊2　a discussion among participants who have an agreed (serious) topic.

＊3　group deliberation, usually carried on through oral discourse under the guidance of a leader, aiming at the co-operative solution of problem through reflective thinking.

＊4　a small group of people communicating with each other to achieve some interdependent goal, such as increased understanding, coordination of activity, or solution to shared problem.

引用文献

新井紀子（2018）．ＡＩ vs 教科書が読めない子どもたち　東洋経済新報社

朝日新聞（2019）．フォーラム　カイシャの会議　朝日新聞　二〇一九年四月二十一日朝刊

枝川義邦・谷　益美・佐藤哲也（2016）．アクティブラーニングが知識学習に与える影響と実践に向けた課題——高大接続移行期の教員に対する効果的な対応の考察　早稲田大学高等研究所紀要　8, 129-140.

Galanes, G. J. & Adams, K.（2012）. *Effective group discussion: Theory and practice.*（*14th ed.*）New York: McGraw-Hill.

市河淳章（1995）．集団討議（group discussion）小川一夫（監修）改訂新版　社会心理学用語辞典（pp.156-157）北大路書房

Judson, L. S. & Judson, E.（1937）. *Modern group discussion: Public and private.* New York: The H.W.Wilson Company.

文部科学省（2017a）．小学校学習指導要領

文部科学省（2017b）．中学校学習指導要領
文部科学省（2018）．高等学校学習指導要領
Osborn, A.（1953）. *Applied imagination: Principles and procedures of creative problem solving*. New York: Charles Scribner's Sons.
パーソル総合研究所（2018）．「ムダな会議」による企業の損失は年間15億円　パーソル総合研究所　二〇一八年十二月十三日〈https://rc.persol-group.co.jp/column-report/201812130003.html〉（二〇一九年十二月九日）
United States Department of Agriculture（1942/ 2018）. *Group discussion and its techniques*. Washington, D.C.: U.S. Government printing office/ London: Forgotten Books.
Wagner, R. H. & Arnold, C. C.（1950）. *Handbook of group discussion*. Boston: Hougton Miffin.

第二章

学習の視点からみたグループディスカッションの特徴

伊藤崇達

はじめに

第一章で述べられているように、グループディスカッションは、集団の中で共有された問題解決や目標達成を目的とするもので、そのプロセスにおいては、何らかの学びの経験が生じるものと考えられます。参加するメンバーの思考に支えられた相互的なコミュニケーションをともなうことから、認知面、感情面、社会面での学習の契機がそこには多く潜んでいるでしょう。

本章では、学習の視点からグループディスカッションの特徴について考えてみたいと思います。とりわけ、「社会的に共有された学習の調整」と訳される socially shared regulation of learning（ＳＳＲＬと称される）という新たな理論的な立場（たとえば、Panadero & Järvelä, 2015）から、筆者なりの考えも交えながら述べていくことにします。

ＳＳＲＬという理論的な枠組みは、教育心理学の領域では、自己調整学習（self-regulation of learning ＳＲＬと称される）とよばれている主体的な学びに関する研究の中から、発展してきたものです。平たくいえば、ＳＳＲＬとは、「ともに主体的に学びあう」とはどのようなことか、というその問いに対して、答えを見いだそうとする研究としてとらえられるものです。「主体的な学び」や「主体的な学びあい」が成立するにあたっては、学び手のやる気、心理学でいう「動機づけ（motivation）」というものが不可欠です（鹿毛　2013 を参照）。また、グループのメンバー全員が成長し、恩恵を受ける「主体的な学びあい」は、競いあうというよりは、お互いに支えあい助けあう学びであるはずです。グループディスカッションを通じた「協同による学び」も大事な学習のあり方といえそうです。教育心理学では、「協同学習」に関する実践と研究について豊かな蓄積があります（杉江ほか　2004; 杉江　2011 を参照）。

この章では、学習における「調整（regulation）」や「動機づけ」、「協同による学習」をキーワードとして、グループディスカッションについての理解を深めていくことにします。第一章で述べられているグループディスカッションの四つの指向の中で、あえて位置づけるとするなら、「集団教育指向」に関する内容となりますが、「学習」が経験による行動の変容であることをふまえると、本章は、四つの指向すべてにかかわる内容ととらえてよいでしょう。

現在、日本の小学校、中学校、高等学校における学習指導要領では、「主体的・対話的で深い学び」（図2-1を参照）が求められるようになり、大学教育においては、「アクティブ・ラーニング」という言葉で、「ともに学びあう」ことの大切さが強調されています。教師からの一方向的で、受け身的な学習から脱却し、学ぶ人間が主体となって、まわりにいるメンバーと意見を交わしつつ、それぞれの考えを深め、課題を成しとげていく「主体的な学びあい」が、今まさに必要とされているといえます。

ＳＳＲＬに基づく「グループディスカッション」は、こうした教育理念の実現に大きく寄与するものと思われます。複雑さと不確実さが増す未来の社会を生き抜いていくうえで、自分が所属する社会集団のなかで、相互的なコミュニケーションを通じた学びの経験を重ねていくことが、人生を豊か

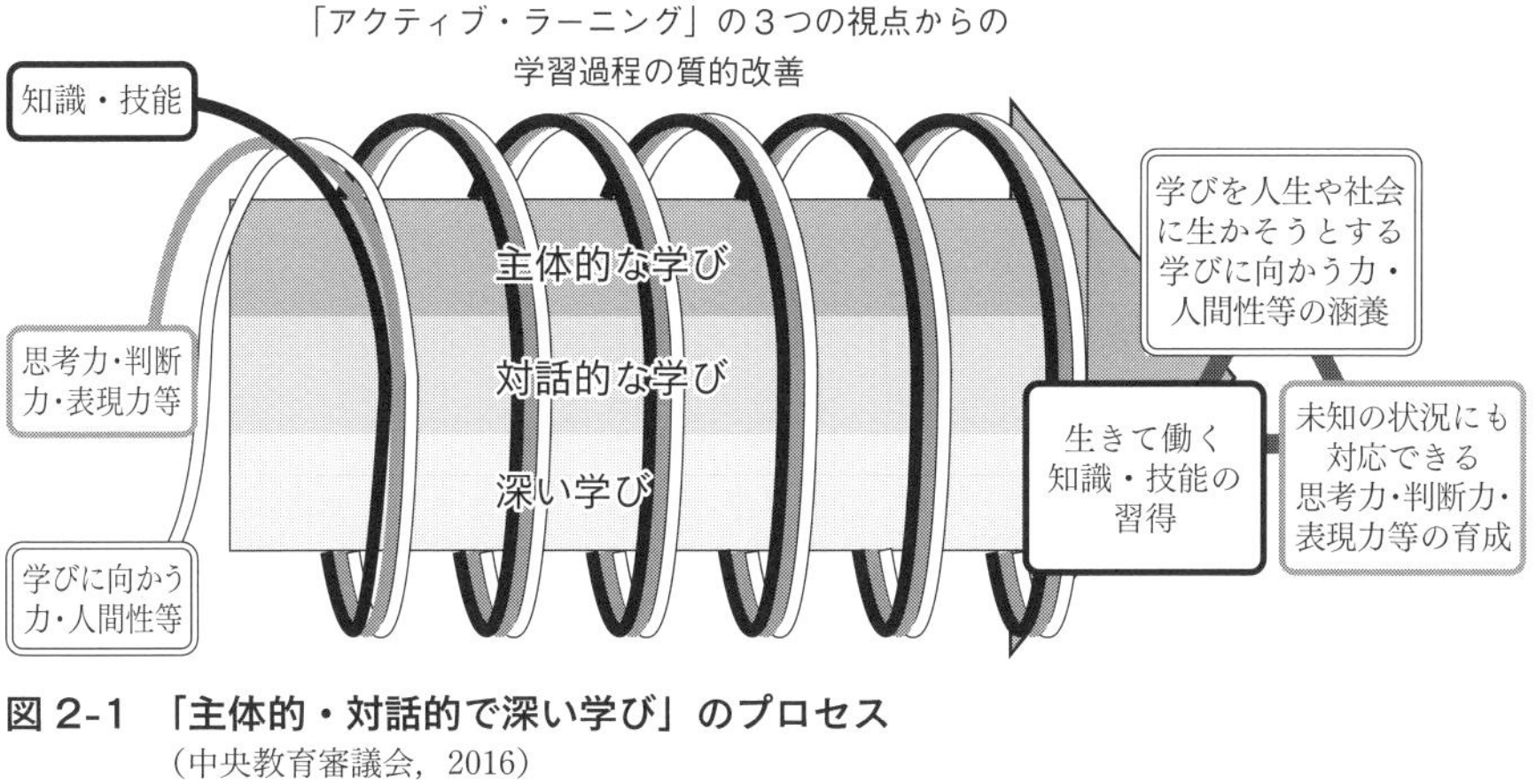

図 2-1　「主体的・対話的で深い学び」のプロセス
（中央教育審議会，2016）

なものにしていくでしょう。社会にはさまざまな職業があり、それぞれの現場において、リアルな課題に向き合っていくことになります。それぞれの学校段階で体験してきた「グループディスカッション」は、実社会において要求される現実的な課題に、グループを通じていかに向き合えばよいか、というスキルと力量を準備することになるでしょう。

さまざまな教育場面を通じて、教師が学習者に育てるべき大切なこととして、二点をあげておきたいです。一点目は、「グループディスカッション」を進めていく力をいかに高めるか、ということです。これは、グループディスカッションそのものを目的とする教育活動です。もう一つは、「グループディスカッション」を通じた豊かな学びをいかに実現するか、ということです。こちらは、グループディスカッションが手段として位置づけられる教育活動です。学習者の立場からすると、実際のグループでの学びあいでは、この両者が区別されることなく体験されるものといえます。すでにある「グループディスカッション」を進めていく力を土台に、豊かで充実した学びあいが実現され、その結果として、「グループディスカッション」を実践する力がさらに備わっていくというプロセスが想定できそうです。この理想的なプロセスを考えていくときに、先にあげた「調整」「動機づけ」「協同による学習」が重要なキーワードになってきます。

それでは、次の節から、学習の視点、とりわけ、ＳＳＲＬの枠組みに基づいて、グループディスカッションの特徴とその可能性について、さらに詳しくみていきましょう。

第一節　社会的に共有された学習の調整（ＳＳＲＬ）とは？

（1）社会的に共有された学習の調整（ＳＳＲＬ）はどのような学びの心理をさしているか

①自己調整学習とは？――グループディスカッションの文脈において

「学びあい」ということ以前に、子どもでも大人でも、そもそも「自ら学ぶということ」ができるような存在でしょうか。「学ぶことは生きることそのものである」ということがいわれたりします（佐伯　1995）。現在は、生涯学習の時代で、学校で学んだ知識の中には、時代の変遷とともに古びてしまうものもあり、一生涯にわたって学び続けることが大切とされています。

人が自ら主体となって生涯学び続けるとはどういうことなのでしょうか。主体的な学びのありようはいかにして成立してくるのでしょうか。教育心理学、とくに教授・学習心理学では、「自己調整学習（self-regulated learning）」という研究領域において長らく検討が進められ、これまでにさまざまな視点から膨大な研究成果が得られています（Zimmerman, 1986, 1989; Zimmerman & Schunk, 2001　塚野編訳　2006; 上淵　2004; Zimmerman & Schunk, 2011　塚野・伊藤監訳　2014; 自己調整学習研究会　2012）。

この「自己調整」とは何でしょうか。心理学では、多様な理論的な立場から検討が進められていて、簡単に説明できるような概念ではありませんが、Zimmerman（1986）の定義づけを紹介しておきます。

「学習者が、メタ認知、動機づけ、行動において、自分自身の学習過程に能動的に関与していること」
（Zimmerman, 1986, p.308　筆者訳）

やさしい言葉で説明をし直すと、自己調整学習とは、「○○ができるようになりたい」「○○がわかるようになりたい」といった、まず自分なりの学びのゴールがあることです。これに向かって、自分なりに進め方や解決のしかたなど、学び方の工夫をしながら、自分から積極的に学びに取り組んでいきます。自分なりの考えを思いついたり、前向きな気持ちを抱いたりしつつ、学びに向かっていきます。実際に自分から行動を起こせることもとても大事です。

質の高いグループディスカッションでは、それぞれが自らの心持ちを整えつつ、能動的に意見を交わしあい、理解や思考を深めていくプロセスがそこに潜んでいるものと考えられます。グループのメンバーのそれぞれが、何らかのかたちで自己調整学習に取り組んでいるものと考えられます。

グループのなかで設定された課題の解決や達成を図っていくには、自らの経験を見つめ直し、方向づける「メタ認知（metacognition）」（Flavell, 1979）が必要です。「メタ認知」とは、心理学用語ですが、自分で自分の認知のあり方を見つめ、そして、よりよい方向づけをしていくことができているかどうかをさすものです。「認知」とは、読んだり書いたり、物を覚えたり考えたりといった知的な活動全般をあらわす用語です。「メタ」という用語には、高次の、一段高い、といった意味合いが含まれています。自らの認知を、一段高いところから見つめることができる力を、メタ認知能力といいます。

自己調整学習を進めるにあたって、次に、大切な心理的要素としては、「動機づけ」をあげることができます。とりわけ、自律的に学び続けようとする「動機づけ」が求められます。「させられて」のやる気ではなく、「自分から進んで」のやる気が、自己調整を支えていくことになります。グループディスカッションにかかわる動機づけの中身については、次の節で詳しくみていくことにします。

そして、「行動」という心理的要素も欠かすことができません。「メタ認知」や「動機づけ」といった内面での主体性も大事なことですが、これらに加えて、自分をとりまく環境に対して、実際に働きかけていく力、「行動」する力が求められることになります。グループディスカッションは、グループメンバーとの相互的コミュニケーションを介することで、はじめて成り立つものです。グループメンバーへ働きかけていく「行動」のあり方がとても大切な心理的側面といえるでしょう。

②プロセスとしての自己調整

時間の流れとともに、自己調整はどのように進行していくのでしょうか。自己調整のプロセスについては、さまざまな理論的な見方があります（伊藤 2009を参照）が、オーソドックスには、「予見」「遂行／意思コントロール」「自己省察」の三ステップからなるものとして、とらえられます。それぞれ、自らの学びを見通すステップ、学びを進め深めるステップ、学びを振り返るステップといいかえることができます。順にみていくことにしましょう。

まず、「予見（学びを見通すステップ）」は、ある学習活動のなかに入っていく事前において重要となる段階のことです。目標設定やプランニング（計画立案）ができているか、主体的に学ぶ意欲が高まっているかどうかが求められます。自分は学ぶことができるという強い確信である「自己効力感（self-efficacy）」(Bandura, 1977, 1997）や、学ぶ内容に興味を抱いていることが、この段階で鍵を握ることになります。

次に、「遂行／意思コントロール（学びを進め深めるステップ）」です。意識を集中して、学習活動に注意を向け続けていきます。自分なりの学び方の方法・工夫、すなわち、「学習方略（learning strategy）」によって学習が進められ、深まっていくこととなります。自分の学びの状態を見つめ続ける「メタ認知」の力が強く求められることになります。

三番目の「自己省察（学びを振り返るステップ）」では、自分が学んできたプロセスや、これらの成果について振り返ります。成功したのか、失敗したのか、その原因は何だったのかについてリフレクションがなされます。リフレクションのあり方は、次の学びに関する目標設定やプランニングに対して影響をもたらしていくことになります。

これは個別学習の場面にかぎった話ではありません。学びあい、すなわち、グループディスカッションの場面においても、自己調整のプロセスは進みます。どのような自己調整を行うかといった視点がグループディスカッションに臨むうえでも重要になってきます。よりよいグループディスカッションが成り立っていくうえで、この予見、遂行／意思コントロール、自己省察のサイクルを循環させつつ、主体的に学び続ける力、すなわち、学習の自己調整は、欠くことのできないものといえるでしょう。

③調整とSSRLとは？

グループディスカッションが円滑に進むためには、グループメンバー相互の人間関係が大きな基盤となります。グループディスカッションを通じた学びの経験の自己調整は、メンバーと「ともに自ら学びあう」活動として実現していくことになるでしょう。「調整」のあり方は、他者とのかかわりあいを通じて、異なる様相を示していくことにもなります。

「主体的な学びあい」については、自己調整学習の研究では、先述の「社会的に共有された学習の調整(socially shared regulation of learning)」という概念で検証が進んできています（Schoor et al., 2015）。自己と社会的文脈の関係でとらえなおすと、自ら学ぶ過程は、「自己調整」、「共調整（co-regulation）」、「社会的に共有された学習の調整」という三つの学習のモードをとりながら発達することになります。

このうち「共調整」とは、学習者の間で自己調整が一時的に整合し、目標設定、プランニング、メタ認知、動機づけといった心理的な調整活動が、あたかも融合しあうような状態を表しています。主に、二者の間で、ある学び手が、別の学び手の学習を肩代わりするような状況をさしています。上手に学べるように、助けたり、助けられたりしつつ、学びが進んでいく様子を意味しています。

学びあいが発展してきますと、「社会的に共有された調整（ＳＳＲＬ）」とよばれる学習のモードに入ります。ＳＳＲＬとは、これらの心理的な調整活動が、グループ全体としてシェアされることを表しています。グループのなかで学びのゴールや価値が共有されて、お互いの知識や考え方を参考にしあい、そして、高めあっていこうとするプロセスをさします。

これらの三つの調整のモードは、「わたし」「あなた」「わたしたち」の視点からみれば、わかりやすいと思います（Schoor et al., 2015）。

「自己調整」とは、「わたし」が、自分の学びのプロセスをしっかり見通して、深めて、振り返って、という調整を行えているかどうか、ということです。

「共調整」とは、学びあいのパートナーである「あなた」がよりよく学べるように、求めに応じて助けたり、お互いに励ましあったりしつつ、学びを深めていくことです。お互いを評価しあうようなこともあるでしょう。

「社会的に共有された学習の調整」とは、「わたしたち」がめざすゴールがメンバー全員の間でシェアされているような状況です。学びを方向づけたり、振り返ったりすることが、共有された価値観やメタ認知のもとで、「わたしたち」の力でなされるようになれば、質の高い学びあいのモードに入ったといえるでしょう。理想とするグループディスカッションの高みをめざして、いわば、チームで支えあって取り組んでいくグループのあり方をさしていると考えられます。

良質なグループディスカッションを実現するには、メタ認知に基づく深い思考と確かな自己調整のプロセスが欠かせません。「自ら学ぶこと」とともに、「ともに自ら学びあうこと」が同時に達成されなければならないといえます。すべてのメンバーが「わたしたち」という見方を内面化し、同じ方向をみつめ、深く学びあうグループとして成立することが求められるでしょう。

(2) よりよいグループディスカッションのために

①思考の深まりとメタ認知

ＳＳＲＬに関する先行研究（たとえば、De Backer et al., 2012, 2015）をみると、メタ認知が学びあいの鍵を握っていることが明らかにされています。この研究の流れでは、仲間どうしの学びあい、教えあい、すなわち、ピア・チュータリング（peer tutoring）とよばれる手法を導入して、授業実践の効果が検証されてきています。メタ認知のプロセスにとくに焦点をあてているため、「社会的に共有されたメタ認知の調整」、英語では socially shared regulation of metacognition（ＳＳＲＭと称される）といわれています。

De Backer ら（2012）の研究では、大学生を対象にして、インストラクショナル・サイエンス（Instructional Science：ＩＳと称する。教授科学や教育科学のことで、教育について科学的な手法によって実証的に研究する学問）の授業で、ピア・チュータリングの機会が設けられ、準実験のデザインで、学習中の発話の分析がなされています。ちなみに、準実験デザインとは、ランダム・サンプリングができない場合など、本来の実験デザインが適用できない場合に、できるだけ妥当性を高める工夫がなされた手法のことです。ピア・チュータリングを行っていないグループと比べて、相互に教えあい学びあいの実践を行ったグループで、深いレベルでの「方向づけ（orientation）」「モニタリング（monitoring）」「評価（evaluation）」という三つの「社会的に共有されたメタ認知の調整」が促進されることを明らかにしています。

「方向づけ」とは、課題の分析に取り組むこと、学ぶ目的について確かめること、お互いの初めの理解について把握することなどの社会的な調整のことをさしています。「モニタリング」とは、学習や問題解決をよりよいかたちでコントロールしていくことです。不十分な点をしっかりと認識して、課題の実行を最適なものにしていくような社会的な調整のことをさしています。「評価」とは、学習者が自らの取り組みの成功、失敗について判断することです。問題解決を成しとげるにあたり、学習のプロセスや成果がどのようであったか、評価を進める社会的な調整を行うことになります。

これらの調整機能は、さらに浅いレベルと深いレベルのものに分けられます。浅いレベルの「方向づけ」とは、ただ目の前の課題の要求を探るというだけのものです。深いレベルの「方向づけ」の場合、課題の要求を読み解き、これまでに得た知識を活かそうとするものです。浅いレベルの「モニタリング」は、自分たちの理解や進み具合をただチェックするだけですが、深いレベルの「モニタリング」は、思考を刺激するような問い、さらに深めていくような問いを投げかけ続けることです。浅いレベルの「評価」は、学習のプロセスと成果について、ただ単に指摘をする程度のことですが、深いレベルの「評価」は、学習のプロセスと成果の両方について、深い内省に基づいて判断を下していくことです。グループディスカッションにおいても、グループのメンバーの間で相互に深いレベルの「社会的に共有されたメタ認知の調整」が、うまくはたらくことが肝要になってくるといえます。

②深いSSRLと浅いSSRLのプロセス

「社会的に共有されたメタ認知の調整（SSRM）」のみならず、「社会に共有された学習の調整（SSRL）」にも浅いレベルと深いレベルの質のちがいがあり、優れた学習成果と結びついていくことを明らかにしている研究もあります。Malmberg ら（2015）は、大学生を対象に、マルチメディアの授業で、コンピュータによるグループでの学習について検討をしています。授業の最後に、教育や学習にテクノロジーがもたらす可能性と危険性について論述をする小論文を学生たちに課し、教師と二人の研究者が、書かれた内容を採点しています。採点基準は、論文の質をもとに四段階からなっていました。可能性と危険性について、どの程度、適確にとらえており、詳しい説明がなされているか、また、授業で示された核となる概念を活かして、論述の中でうまく統合できているかどうかについて評価がなされています。このような採点基準をもとに、学生たちは、高いパフォーマンス群と低いパフォーマンス群に分けられ、二か月にわたるグループ学習での発話が分析されました。その結果、質の高い小論文を書いた高パフォーマンス群の学生たちは、時間の経過とともに、より適したSSRL方略を用いるようになったことが示唆されています。

とくに本邦ではSSRLに関する研究はほとんどみられないのが現状ですが、私自身が試みとして取り組んだ研究（Ito, 2017）の一部をここに紹介しておきます。

大学生を対象に道具の新しい使い方について考える創造性課題にグループで取り組んでもらい、その発話を分析しました。その際、調整サイクルの「予見」「遂行／意思コントロール」「自己省察」の三つのフェーズについて、ミクロ・レベルとマクロ・レベルの二つの水準からカテゴリー化を行いました。ミクロ・レベルの調整とは、下位の目標を追求したり、決められたそれぞれの計画を実行したりする次元をさしています。一方のマクロ・レベルとは、最終的な目標を設定したり、グループ全体としての計画を立てたりする、一段高い次元の調整を表しています。たとえば、ブレインストーミングによって多くのアイデアを生み出したり、よりよい方法を選択したりすることなどが含まれてきます。グループの活動の進行としては、マクロ・レベルでの調整がはたらき、その後、ミクロ・レベルで、お互いを調整するというプロセスが想定されます。ミクロ・レベルで、選択した方法で取り組んでも、問題解決がうまくいかないような場合、全体としての目標、計画、アイデアを再考するような調整が、マクロ・レベルでなされることになります。

分析の結果、事前に各自で少し思考する時間をとり、提示された課題の道具について、新しく、かつ、おもしろい使い方を考えることを促した場合に、マクロ・レベルでの、とりわけ、遂行／意思コントロールを作用させるような調整モードの発話を生起させた可能性が示唆されています。つまり、ミクロ・レベルというよりも、マクロ・レベルでの調整が鍵を握っているものと思われます。グループディスカッションにおいても、議論が行き詰まりをみせたときには、全体を俯瞰して、目標、計画、アイデアを検討し直すマクロ・レベルでの社会的な調整を行う発話が、メンバーの中から出てくる必要がありそうです。

第二節　グループディスカッションにおける動機づけの重要性

（1）自己決定理論からみた動機づけのプロセス

グループディスカッションをはじめ、人間が何らかの活動に取り組む背景には、「意欲」という心理的側面があるはずです。日常会話でいう「意欲」や「やる気」の問題は、心理学では、「動機づけ」という用語でさかんに研究が行われてきています。

古典的な見方としては、「外発的動機づけ」と「内発的動機づけ」という二種類の動機づけが想定され、両者のちがいについて数多くの検討がなされてきました。「外発的動機づけ」とは、ご褒美を求め、罰を避けるために、何らかの活動に取り組むものです。「内発的動機づけ」のほうは、おもしろいから、楽しいから活動に取り組むというものです。「外発的動機づけ」よりも「内発的動機づけ」のほうが、活動に粘り強く取り組み、活動の質も高く、優れた成果に結びついていくことが明らかにされています。周知のように、学校教育では、興味・関心といった内発的動機づけが大切にされてきています。

これまで長らく「外発的動機づけ」と「内発的動機づけ」というように、動機づけを二種類でとらえる見方が優勢だったのですが、一九九〇年代ごろからRyan & Deci (2000) によって、自己決定理論が提唱され、動機づけを連続帯でとらえる見方がなされるようになってきます。自己決定理論の中の有機的統合理論（注＊1）では、従来の「外発的動機づけ」を「外的調整」「取り入れ的調整」「同一化的調整」の三つの調整に分けてとらえなおしています。そのうえで、自己決定の強さのレベルに従って、連続する四種類の動機づけが仮定され、このような連続帯の中を学習者はダイナミックに揺れ動くことが明らかにされています（図2-2）。

これまでの動機づけ研究の多くは、個人による特定の教科や課題に取り組む学習のプロセスに焦点がありました。最近になって、グループでの学びあいのプロセスに焦点をあてた動機づけ研究が行われるようになってきました。グループディスカッションとやる気の関係を考えていくうえで、示唆に富むものですので、順に紹介しながら、考察を深めていきたいと思います。

岡田（2014）は協同的な学習への動機づけを次のよう

自己決定性

高い（↑）〜低い（↓）

動機づけの種類	学習への動機づけの内容
内発的動機づけ	学ぶことに興味があり、楽しいから学ぶという動機づけ
同一化的調整	学ぶことに意義や重要性を認めているから学ぶという動機づけ
取り入れ的調整	学ばねばならないという義務感、不安や焦りから学ぶという動機づけ
外的調整	褒賞や罰など、他者からの統制的な働きかけによって学ぶ動機づけ

図 2-2　内発的動機づけから外的調整までの 4 種類の動機づけ
（Ryan & Deci, 2000 をもとに作成）

に定義づけています。これは、ひとりで学習する内容に対する動機づけではなく、協同して学ぶことそのものへの動機づけを問題とするものです。これをふまえれば、グループディスカッションに向かっていこうとするやる気についても、同様にさまざまなものがありえるといえます（図2–3）。

岡田（2018）の研究では、小学四年生から六年生四九八名を対象に調査がなされています。因子分析結果をもとに、内発的動機づけと同一化的調整を「自律的動機づけ」とし、外的調整と取り入れ的調整を「統制的動機づけ」として、実証的な検討を試みています。そして、仲間との協同的な学習活動について、次の三つの指標を取り上げて調べています。第一は、「ピア・モデリング」で、仲間の学習を観察することで学ぼうとする活動です。第二は、「適応的援助要請」で、学業面での困難に直面したときに、必要に応じて仲間に援助を求める活動です。第三は、「相互学習」で、お互いに教えあったり、一緒に問題を考えたりする活動です。四種類の動機づけと協同的な学習活動は、いずれも質問紙に

自己決定性

高い ↕ 低い

動機づけの種類	協同的な学習における動機づけの内容
内発的動機づけ	仲間との協同的なかかわりに興味や楽しさを見出し、仲間と学ぶこと自体を目的として学ぼうとする動機づけ
同一化的調整	仲間と協同的に学ぶことに個人的な価値や重要性を見出し、積極的にかかわろうとする動機づけ
取り入れ的調整	自分の自尊心を維持するためや、心配や不安を低減するなどの消極的な理由から仲間と協同的に学ぼうとする動機づけ
外的調整	他者からの統制的な働きかけによって仲間と協同的に学ぼうとする動機づけ

図 2-3　協同的な学習における 4 種類の動機づけ
（岡田，2014 をもとに作成）

よる調査によって検証がなされました。二〇一六年六月と同年十一月の二時点において実施された縦断調査の分析結果から、六月の時点での「自律的動機づけ」の高さが、十一月の時点での三つの指標の仲間との学習活動の多さと関連することが明らかにされています。

自己決定理論に関する研究において、有機的統合理論の妥当性が、あらゆる年齢層において、また、学業のみならずスポーツや芸術活動など幅広い文脈において、実証的に確かめられてきています。このことをふまえると、大学生や社会人においても、グループディスカッションという、ある種の学びの状況に向かう動機づけには、何らかの個人差がみられるのではないかと考えられます。そして、その個人差は、内発的動機づけから外的調整にいたる連続帯をなしているものと考えられます。

協同的にかかわることに興味や楽しみを見出し、価値や重要性も認めることで、深く充実した学びあいの活動がなされていきます。グループディスカッションに向かう自律的動機づけをいかに高め、維持するかが肝要となってくるでしょう。

①協同学習における社会的動機づけ

グループディスカッションでは、グループのメンバーからの影響を大なり小なり受けることになります。協同学習へ向かう動機づけを考えていくにあたり、さらに多くの社会的な要因を加味していくことが、よりよい実践を実現する足がかりとなるでしょう。

中西ほか（2014）は、「協同学習における社会的動機づけ」について、国立大学の大学生一五四名を対象にした調査研究をもとに、六因子からなる心理尺度を作成しています。第一因子は、グループのメンバーに触発されて学ぼうとする「他者からの触発による動機づけ」です。第二因子は、メンバーを助けたいから協同学習に取り組む「他者援助動機」です。第三因子は、メンバーから評価されたいからという動機で「メンバーからの被評価動機」です。第四因子は、メンバーから嫌われたくないから協同学習に取り組む「メンバーからの被嫌悪回避動機」です。第五因子は、グループ全体として評価されたいからという動機である「グループに対する被評価動機」です。第六因子は、新しい知識を得たいから協同学習に取り組む「他者からの知識影響に対する動機」です。

中西ほか（2018）の調査研究では、協同学習の中でみられる行動についても明らかにしています。国立大学の初年次教育科目を受講した大学生七八二名を対象に質問紙による調査が実施され、因子分析の結果、「傾聴」「価値づけ」「意見表明」「関連情報の探索」「授業外学習」「活動促進」の六つの行動が示されています。上手な人づきあいのしかたのことを、心理学では専門的に「社会的スキル」といいますが、グループディスカッションを円滑に進めていくうえで、欠かせない個人的要因といえます。中西ほか（2018）の研究では、「社会的スキル」と「動機づけ」、そして、「行動」の中でもとりわけ「傾聴」との間に、興味深い関連がみられることを報告しています。ここでいう「傾聴」とは、他者の様子を受け取り、それに基づいて相手へ反応を返すことを表しています。

まず、社会的スキルが高く、また、「他者からの触発による動機づけ」が高いと、それぞれ「傾聴」も高い、という関係が明らかにされています。これはよくわかる関係なのですが、これらについてさらに詳細な分析を試みると、次のようなことがみえてきます。

グループ全体としての「他者からの触発による動機づけ」の平均が低い場合、社会的スキルの大小が「傾聴」に影響を及ぼしやすいのですが、グループ全体としての「他者からの触発による動機づけ」の平均が高い場合には、社会的スキルの大小が「傾聴」に影響を及ぼしにくくなる、という示唆を得ています。つまり、「動機づけ」の高いグループの中にいると、たとえ社会的スキルが低かったとしても、傾聴が少なくなることはない可能性があるということです。

これは、ディスカッションを行うグループ全体としての「意欲」の高さがとても大切であることを暗示しており、個人的要因のマイナスの影響を和らげるかもしれないということです。協同学習への動機づけについては、まだまだ実証的研究は少なく、取り組みがはじまったところなのですが、グループディスカッションへのやる気について示唆を得るためにも、今後さらに多方面からの研究が求められています。

②動機づけの社会的伝染（社会的伝播）

グループディスカッションに取り組んでいると、メンバー全員が意欲に満ちて、とてもよい雰囲気となり、議論が盛りあがるような場合と、やる気のない空気がグループに広がって、実のあるディスカッションにはならず、雑談だけで終わってしまうようなことがあります。こうした意欲に満ちた雰囲気ができあがるのには、「動機づけの社会的伝染（社会的伝播）（social contagion of motivation）」とよばれる心理的プロセスがかかわっていると考えられます（Wild et al., 1997; 鹿毛 2013）。

先行研究では、教師自身が教える内容に強い興味をもっていて、とても楽しそうに、熱心に教えようとする様子に感化されて、子どもたちも、それに引き込まれて、同じように興味や関心をもつようになるという影響のプロセスが明らかにされています。教師の内発的動機づけが、教育的なかかわりを通して、子どもの内発的動機づけを高めるようになるということです。教師からのはたらきかけを受けて、子どもの内面では、学ぶ内容はおもしろいもののはずだ、先生が興味のあることを教えてくれているのだから、おもしろく、わかりやすく教えてくれるだろう、といったプラスの期待が形成されるプロセスが、ここには想定されます（Wild & Enzle, 2002）。学習者は、何気ないしぐさや表情、姿勢を通して、まわりにいる人間から動機づけに関する影響を受けているものといえます。別の研究（Aarts et al., 2004）では、他者が抱いている目標を、自動的に選びとっていく「目標の伝染」という現象を明らかにしているものもあります。「動機づけ」にしても、「目標」にしても、他者との対人的な相互作用を通して、「伝染」するプロセスが人には備わっていて、見逃すことのできない重要な側面になっているということです。そして、SRLの理論的見方と考えあわせれば、グループが何をめざすかは、社会的な伝染と、メンバー相互の調整モードのあり方と、それぞれの影響プロセスがあり、しだいにグループの中に目標が形成され、そして、メンバーで共有されてくるものといえそうです。

自己決定理論によれば、動機づけには、複数の種類があると考えられています。先述した内発的動機づけ、同一化的調整、取り入れ的調整、外的調整とよばれているものがその代表です。このことをふまえれば、グループディスカッションにおいて、グループのメンバーのそれぞれのやる気は多様であって、対人的な相互作用を通して、社会的な伝染がさまざまなかたちであらわれてくることが考えられます。外的調整や取り入れ的調整がメンバーの中で優勢であれば、「ディスカッションは、とにかく大学の単位のためだ」、あるいは、「これは義務だからしかたがない」、というような空気がグループを支配するようになり、議論の内容も表面的で、生産的でないものになっていく可能性があります。反対に、内発的動機づけや同一化的動機づけといった自律的でポジティブな動機づけがメンバーにおいて優勢であるなら、「話しあっていることは、とてもおもしろいし楽しい」、あるいは、「グループディスカッションは意義がある活動だ」というような前向きな見方がグループの中で伝播し、共有されていくことになります。一人のメンバーのポジティブなムードが、ほかのメンバーのポジティブなムードを誘うように、よい空気が伝わっていく状況です。その結果、グループのメンバーは、それぞれにポジティブな姿勢で、自発的、積極的に活動に取り組むようになり、グループディスカッションを通して得られる成果も、豊かな実りあるものとなるでしょう。グループディスカッションの実践は、あたかも、メンバーどうしのやる気とやる気のせめぎあい、そして、ハーモニーを生み出す場であるといえそうです。

(2) チャレンジングな課題の重要性

心理学では、物事を卓越した水準で成しとげようとする意欲のことを「達成動機づけ」とよび、古くから多数の研究がなされてきました。達成動機づけに関する著名な研究者であるアトキンソン（Atkinson, 1964）は、次のような有名な公式を明らかにしています。

T（接近する達成動機づけ）＝M（傾性としての達成動機）×P（主観的成功の確率）×I（誘因価）

Tは、課題に向かおうとする達成動機づけの全体の強さのことを表しています。Mは、個人特性に相当するもので、もともとの個人としての達成動機の強さを表しています。そして、Pは、主観的成功の確率とよばれるもので、成功と失敗がはっきりした課題において、「どのくらい成功する確率があるか」という期待の高さをさしています。一方のIは、その課題に成功したいという魅力や価値がどのくらいあると感じるかということです。この公式には、さらに一つの仮定があります。それは、「I＝1－P」、すなわち、PとIが補数の関係にあるとされていることです。主観的成功の確率が一〇〇％のとき、それは、課題は容易で誰でもできるものだということを意味します。したがって、仮に成功してもほとんど価値（誘因価）がないということになります。逆に、Pが〇％のとき、それは、誰しもできるものではなく、相当に困難で、成功すれば優れた能力の証しであり、とても価値のあるものだ（一〇〇％の高い誘因価）ということになります。

それでは、人は、どのような課題に取り組むときに、もっともやる気になるのでしょうか。この公式は、PとIの掛け算によって決まってくるものですので、Pが五〇％のときに、もっともTが高くなることが明らかにされています。PとIが五〇％のとき、すなわち、0.5×0.5のとき、0.25となり、最大値をとります。たとえば、Pが八〇％で、Iが二〇％のときは（I＝1－0.8なので、0.2になります）、0.8×0.2＝0.16となり、やる気は相対的に低くなります。

経験的にいうと、これは、成功できるかどうかが五分五分の適度な難しさの課題のときに、人はやってみようと思うということです。Pが五〇％のやさしすぎず難しすぎない挑戦しがいのある課題のときに、動機づけがもっとも高くなるということです。グループディスカッションも課題場面の一つであることを考えれば、アトキンソンの公式が成り立つ可能性が考えられます。グループディスカッションによる課題の解決や課題の達成のPが五〇のときに、もっともメンバーは活動に動機づけられる可能性があるということです。ただし、グループディスカッションの場合、やや事態は複雑になります。課題に関して求められる知識や思考といった認知的な側面での難しさのレベルと、メンバーで協力して取り組んで成しとげることがどれくらいできそうか、すなわち、社会的な側面での難しさのレベルがあるということです。大きくみて、認知的なレベルと社会的なレベルの両方において、挑戦しがいのありそうな課題となっているかが、グループディスカッションに向かうやる気を決めているものといえます。

（3）グループでの学習活動における動機づけの自己調整

自己調整とは、「学習者が、メタ認知、動機づけ、行動において、自分自身の学習過程に能動的に関与していること」であるという定義を先に紹介しました。自己調整学習に関する研究では、自らの動機づけを適切に自己調整することで、学習が効果的なものになることを明らかにしてきています（Wolters, 1998; 伊藤・神藤　2003; 伊藤　2009; Umemoto, 2015を参照）。

そうしたなか、梅本ほか（2018）は、大学生二六一名を対象に質問紙による調査を行い、協同学習場面における動機づけの自己調整をとらえる心理尺度の作成を試みています。グループディスカッションも、ある種の協同学習場面であるととらえれば、そうした学びあいのなかで、自らのやる気を上手にコントロールしていくことが求められます。具体的な「協同学習における動機づけ調整方略」としては、因子分析の結果から、表2-1に示すような五つの方略が見出されています。

関連する心理的変数について分析した結果から、「積極的交流方略」は、協同学習において自分の力で取り組むことができる期待に相当する「自己効力感」、協同学習での課題がおもしろく、価値のあるものと認識している「内発的価値」、その状況において興味や楽しさといった感情を抱きつつ課題に取り組んでいる「感情的エンゲージメント」と正の関連を示していました。「エンゲージメント」とは、課題に没頭し、情熱を傾けて取り組んでいる状態をさす概念であり、近年、動機づけ研究で注目されてきています。

「課題価値方略」は、内発的価値と正の関連を示し、「義務感高揚方略」は、努力、持続性や忍耐をともなう「行動的エンゲージメント」と正の関連を示していました。

協同的な学習の場面においてどのように自己の動機づけを調整しようとするかということと、「自己効力感」「内発的価値」「エンゲージメント」といった個人内での動機づけ要因との間には、つながりがみられる

表 2-1　協同学習場面における動機づけの自己調整のカテゴリー
（梅本ほか，2018 をもとに作成）

動機づけの自己調整	協同学習場面における動機づけの自己調整の内容
積極的交流方略	他者と積極的にかかわることでやる気を調整する方略
課題価値方略	学習課題の価値を高めることでやる気を調整する方略
義務感高揚方略	義務感を高めることでやる気を調整する方略
自己報酬方略	自分に何らかの報酬を与えることでやる気を調整する方略
学習活動構造化方略	役割分担や計画を立てるといった学習活動の構造化によってやる気を調整する方略

ということです。どちらが先かということは、現時点では明確には言い難いですが、自らの動機づけの調整を図る方法や、そうした姿勢を身につけることで、グループディスカッションにおいても協同的な学びあいに取り組めるという期待や、ともに学ぶことがおもしろそうだ、楽しそうだといった「感情的エンゲージメント」が高まりやすくなる可能性が考えられます。

第三節　グループディスカッションにおける意欲の喪失

(1) 学習性無力感とは？

グループディスカッションに取り組んでいると、この活動に乗ってこないメンバーが出てくることがあります。前向きに取り組もうとする意欲を失っているかの様子です。前の節では、高いモティベーション、やる気のある状態について、心理的なプロセスについてみてきました。やる気のない、意欲を喪失した状態、すなわち、「無気力」が生じるメカニズムは、心理学では「学習性無力感」という概念で説明がなされています。この概念は、一九六〇年代、アメリカの心理学者セリグマンたちによって行われた実験(Seligman & Maier, 1967) がもとになっています。

セリグマンたちは、犬を対象にした条件づけの研究に取り組むなかで奇妙な現象を発見しました。音を聞かせた後に、電気ショックが与えられ、この経験を繰り返すと、犬は音を聞いただけで電気ショックがなくとも、恐怖反応を示すようになりました。それから、犬をシャトルボックスという箱へ移し、今度は床から電気ショックが与えられる状況をつくりました。シャトルボックスの中には、犬が飛び越えられる柵が、中央に設けられて、片方の床は、電気ショックのない安全地帯となっていました。セリグマンたちは、シャトルボックスのなかで音を鳴らすと、犬は、電気ショックを避けるために、柵を飛び越えるのではないかと考えました。しかしながら、犬は、そのようなことはせず、恐怖のために、ただただうずくまっているだけでした。

このような現象はどうして生じたのでしょうか。セリグマンらは、「随伴性の欠如」という概念で説明をしています。自らの行動が何らかの結果と結びついていることを随伴性といいます。不快な刺激をコントロールできない状況におかれた犬は、電気ショックという結果を自分の力ではどうすることもできない、すなわち、コントロール不可能性を学習したものと考えられています。

セリグマンは、犬を対象に、学習性無力感という現象を明らかにしましたが、人間の場合はどうでしょうか。ヒロト（Hiroto, 1974）という研究者が、大学生を対象に、次のような実験を行っています。協力者が三グループに分けられ、第一のグループは、イヤフォンから不快な雑音を聞かされるのですが、目の前のスイッチを正しく押すことで、音を止めることができました。第二のグループは、第一のグループと同じ時間だけ不快な雑音を聞かされるのですが、スイッチを押しても音を止めることができませんでした。第三のグループは、比較検証のためのグループで何もしませんでした。以上の経験をした三つのグループは、次に、異なるスイッチで不快な雑音を止める課題に取り組みました。その結果、第一と第三グループの大学生は、高い確率で雑音を止めることに成功したのですが、第二グループの大学生の成功確率は相対的に低いものでした。まったく同じ不快な刺激にさらされながらも、その刺激をコントロールできないという経験をしたグループだけが、モティベーションを失うということを示しています。無気力になるというのは、もともとその人が怠け者であるということでなく、無気力になることを学習することによって生まれてくるものであるということが、心理学では明らかにされています。

グループディスカッションの場合でも、グループのメンバーが無気力になっていくことは、随伴性の欠如によって説明することができそうです。グループディスカッションで取り組まれる活動には、大きく二つの側面があるといえます。一つは、課題の側面で、もう一つは、対人的な側面です。グループディスカッションの課題が、難しすぎるものであったり、ゴールの見えにくいものであったりすると、それぞれのメンバーの行為が課題の解決や達成とはなかなか結びつかず、「どうすることもできない」「やってもむだだ」と、コントロール不可能性の認知を高めていきます。活動に改善がみられず、この経験が繰り返されていくと、やがてメンバーの中に学習性無力感が生まれてくることになります。

もう一つの対人的な側面ですが、グループディスカッションでは、メンバー同士が効果的に課題に向かえるよう、調整を図っていく必要があります。価値観が対立するメンバーで構成されていたり、悲観的な考えをもつメンバーがいたりすると、人間関係にはたらきかけていくことに大きな困難が生じてくることになります。対人的な側面で、「どうすることもできない」という認知が高まり、やがて、学習性無気感がグループの中に蔓延することになります。現在、ニートやひきこもりが日本の社会問題になっていますが、学習性無力感が発生する心理的プロセスがかかわっている可能性について指摘があります（大芦2012）。ひきこもる青年は、対人関係の中で、自分は何もできない、自分で自分のおかれた状況をどうすることもできない、と感じている可能性があります。グループディスカッションから退却していくメンバーは、コントロール不可能感を抱き、学習性無力感におちいっている可能性があります。課題の側面と対人的な側面の両方において、取り組んでいることが一つひとつ成果につながっているという実感、手ごたえをすべてのメンバーが感じることが、グループディスカッションの成否を握っているといえそうです。

（2）三つの側面で生起しうる学習性無力感

第二節で紹介した学習の調整に関する理論をふまえると、グループディスカッションが進むプロセスにおいては、三つの調整モードが作用するものと考えられます。そして大きく課題の側面と対人的な側面において、この三つの調整モードが複雑に相互作用していくことが想定できます。

自己調整のモードでみると、グループディスカッションがめざす課題の解決や課題の達成に向かって、予見をし、遂行／意思コントロールをし、自己省察を行うものと考えられます。課題解決の道筋が見えない場合や、方策がわからないという場合、自己調整に行き詰まることになります。グループメンバーの中で、なかなか合意が見出せず自分の立ち位置がわからないような場面では、対人的な側面での自己調整に困難を示すことになるでしょう。

共調整のモードでは、グループディスカッションが進み、メンバーどうし、助けたり助けられたりといった状況になります。さまざまな調整の機能が、メンバー相互において、融合しあうようになります。この段階から、どちらかというと、対人的な側面での調整が、さらに重要になってくるものと予想されます。グループメンバーの中で、協力的でない人が出てきたり、大きな対立が生じてきたりすると、共調整はスムーズにいかないでしょう。課題解決に必要な思考力や判断力といった認知的能力が求められますし、それに加えて、人間関係を円滑に築く対人的なスキルも必要になってきます。グループディスカッションを通じた学習を行う場合、課題の側面と対人的な側面で無気力になっていないか、注意を払う必要があり、また、自己調整とともに共調整のモードが確かに機能しているかについても目を向けていく必要があるでしょう。

グループディスカッションによる学びあいがさらに深まると、メンバーでゴールの共有がなされるようになり、皆が同じ方向を向くチーム性を帯びるようになっていきます。これは、社会的に共有された学習の調整（ＳＳＲＬ）のモードに入っている状態です。グループメンバーが一体となって、課題解決の明るい見通しをもち、コミュニケーションがスムーズに進むよう、相互にコントロールがなされ、メンバーがそれぞれの立場で振り返りを行って、次なるプロセスへ進んでいくものと想像されます。ＳＳＲＬに基づくグループディスカッションは、理想的な主体的な学びあいの状況といえます。課題と対人的な側面の両方において、グループメンバーが具体的、効果的な対策、手立てをもちあわせており、成果を積み重ねてきていること、そして、このことがメンバー全体でしっかりと体験できていることが、とても大切なことといえます。多様なメンバーによるコミュニケーションのもとでなされるグループディスカッションでは、このモードへ入るのは、容易なことでなく、時間を要するものでもあり、メンバーそれぞれの資質・能力も高いものでなければならないでしょう。

第四節　グループディスカッションと適性処遇交互作用
——「協同による学習」がもたらすもの

（1）協同か競争か？

学校教育におけるグループ学習では、クラスのメンバーが協力して取り組み、全員が何らかの成果や発達をとげるという恩恵を受けることが目標となります。教育心理学では、「協同学習」といわれたりしますが、多くの実践と研究が積み重ねられています。また、クラスにはいろいろな能力をもったクラスメートがいて、「協同」ではなく「競争」によって、教育や指導がなされることがあります。教育心理学の研究では、古くから、「協同による学習」と「競争による学習」、あるいは、個別での学習のいずれに大きな効果がみられるのかについて検証がなされてきました。

過去になされた多数の実証研究をもとに、総合して効果の大きさを統計的に調べる手法に「メタ分析」とよばれるものがあります。「協同による学習」「競争による学習」「個別での学習」のそれぞれの学習上の効果をメタ分析によって明らかにした研究（Hattie, 2009　山森監訳　2018を参照）によれば、協同と競争は、個別での学習よりも効果が大きいことが示されています。学校での学びにおいて、クラスメートの存在の大きさがうかがい知れます。そして、これらの三つの学習の中でも、とりわけ効果が大きいのが「協同による学習」のようです。Johnsonら（1981）の研究によれば、ほとんどすべての教科において、「競争による学習」よりも「協同による学習」のほうが大きな効果を示しています。また、記憶保持、概念獲得、言語的／空間的な問題解決、推論・判断、運動技能などの課題においても、「協同による学習」のほうが大きな効果を示しています。これら以外にも、自尊感情や対人関係の良好さ、社会的支援を向上させるうえでも、「協同による学習」の効果がみられることが明らかにされています。

グループディスカッションの実践に対して示唆されることは、競争的な雰囲気や姿勢で臨むのではなく、協同によるかかわりが生じるように、メンバー自身がおのおの留意したり、あるいは、グループに対して上手にはたらきかけたりしていくことが大切になってくるといえます。

（2）「協同による学習」で求められるもの

「協同による学習」では、「肯定的な相互依存」と「個人の責任」が大事にされます。「肯定的な相互依存」とは、すべてのメンバーに固有の力があって、ともに連携し協力しあわなければ、課題を成しとげることはできないというものです。メンバーどうしがお互いの力を信じ、助けあう姿勢が重要になります。「個人の責任」とは、すべてのメンバーに、グループに対して貢献する責任があるということです。ほかのメンバーに対して、助けをする必要がありますし、また、ほかのメンバーからの助けを受けて、それに誠実に応じていく責任があるということです。理想となるグループディスカッションにおいても同様に、この二つの要件は必須のことと考えます。

とはいえ、本来の意味での「協同」に基づくグループディスカッションの実践は、すぐに実現できるものではないでしょう。グループのメンバーにはいろいろな性格、個性をもった人間が集まるのが通常のことです。この性格ないし個性にはグループディスカッションに向いているものとそうでないものがありそうです。本章のまとめにかえて、最後に、教育心理学でいう「適性処遇交互作用」にふれておきたいと思います。

さまざまな学習法と学習者の個性の間には、相性のようなものがあって、たとえば、社交性の高い人たちは、対面でのコミュニケーションを重視し、これを介した学習指導法によって高い成績を収める傾向にありますが、社交性の低い人たちには、このような学習指導法は逆効果になってしまう、というような現象です。これは人の個性と学び方のマッチングの問題です。

(3)「協同による学習」と適性処遇交互作用

では、協同学習の研究知見に基づいて、この適性処遇交互作用について詳しくみていくことにします。いろいろな研究がありますが、まず、多くの研究が示唆していることは、「協同による学習」は、多様な学習者を対象にしたとしても、等しく効果がみられるであろうというものです(Barkley et al., 2005 安永監訳 2009 を参照)。そのうえで、個人差が顕著になりやすい側面に焦点をあてて、みていくことにします。

とくに学校教育では、メンバーの学力の差は、大きな関心となるところと思います。学力の低い学習者は、ほかの仲間から説明を受けることで、また、有能な仲間から、直接、教えを受けることで、恩恵を得る傾向にあります。他方、学力の高い学習者は、一見、仲間に教えるばかりで、何のメリットもないようにみえますが、課題がとくに概念的な内容の場合など、仲間に説明し直すことで、自分の考えが整理でき、また、新たな深い理解を得るチャンスにもなります。学力という個人差によって、グループディスカッションからどのような恩恵を受けるか、その内容とプロセスが異なってくることが考えられるでしょう。

共感性のような個人特性が、協同での課題解決に影響を及ぼすことを明らかにしている研究があります。倉盛（1999）は、小学生を対象に検討を行っており、共感性の高さがグループでの相互作用を効果的なものにし、高い成績に結びつくことを示しています。協同学習そのものを肯定的に認識しているか、否定的に認識しているかによって、グループ学習の取り組みにちがいを示すことを明らかにしている研究もあります。町（2009）によると、否定的な認識をもっている児童は、競争を重視し、仲間との学力のちがいに不満を抱いていました。主張的でなく、失敗を恐れ、自己中心的で、規範意識も低い傾向がありました。肯定的な認識をもっている児童は、教えあい学びあいに喜びを感じ、人とかかわるスキルやリーダー性が高い傾向にありました。ここにあげた個人特性は、グループディスカッションを促進したり阻害したりする要因になるものと思われます。グループディスカッションのスタイルとメンバーの個人特性のマッチングという側面も、よりよいグループディスカッションのあり方を探っていくうえで、不可欠な視点になるといえるでしょう。

（4）グループメンバーの異質性と同質性

グループディスカッションにおいて、理想となるメンバーの構成としては、多様な個性をもった異質なグループであるのがよいのでしょうか。あるいは、同じような特性、価値観をもちあわせたメンバーからなる、同質なグループであるのがよいのでしょうか。飛田（2017）は、両方にメリットと難しさがありうることを指摘しています。異質なメンバーがいると、情報資源が豊かになり、選択肢も多様になるため、その結果として、よりよいグループでの成果に結びついていくことになります。一方、同質なグループの場合、お互いのメンバーの行動や考え方の見通しをもちやすく、コントロールもしやすくなるため、スムーズにコミュニケーションがなされるというものです。双方に、それぞれのメリットがありそうだということです。

難しさのほうは、次のようなことが考えられます。異質なグループの場合、メンバーの間でのさまざまな葛藤が生まれやすく、合意も形成しにくい可能性があるということです。同質なグループの場合は、価値観や志向性、考え方も似通っているため、意思疎通は図られやすかったとしても、マンネリを招いたり、思考が停滞したりして、新しいアイデアや創造性も発揮しにくい可能性があります。

本章でふれてきた学習の「調整」や「動機づけ」にも個人差が存在することが想定されます。グループディスカッションのなかでは、多様な学習のスタイル、個性をもちあわせたメンバーが集うことになります。そこで生まれてくるであろう相互作用は、かなり複雑なものであり、また、コントロールすることが容易でない状況が生まれてくることも多々あるでしょう。グループのメンバーの異質性や同質性といったことも念頭におきつつ、SSRLと内発的動機づけ、そして、「協同」をベースとした、より望ましいグループディスカッションの姿はどのようにして実現できるのか、探っていけるとよいのではないでしょうか。

注

＊1　初期の自己決定理論は、五つのミニ理論で構成されており、そのうちの一つ。動機づけが他律的なものから自律的なものへ移行し、ある種の統合に向かう過程を説明する理論。

引用文献

Aarts, H., Gollwitzer, P. M. & Hassin, R. R. (2004). Goal contagion: Perceiving is for pursuing. *Journal of Personality and Social Psychology, 87,* 23-37.

Atkinson, J. W. (1964). *An introduction to motivation.* New Jersey: Van Nostrand.

Bandura, A. (1977). Self-efficacy: Toward a unifying theory of behavioral change. *Psychological Review, 84,* 191-215.

Bandura, A. (1997). *Self-efficacy: The exercise of control.* New York: W. H. Freeman.

Barkley, E. F., Cross, K. P. & Major, C. H. (2005). *Collaborative learning techniques: A handbook for college faculty.* San Francisco: Jossey-Bass. 安永　悟（監訳）(2009). 協同学習の技法――大学教育の手引き　ナカニシヤ出版

中央教育審議会 (2016). 幼稚園、小学校、中学校、高等学校及び特別支援学校の学習指導要領等の改善及び必要な方策等について（答申）　文部科学省

De Backer, L. D., Keer, H. V. & Valcke, M. (2012). Fostering university students' metacognitive regulation through peer tutoring. *Procedia: Social and Behavioral Sciences, 69,* 1594-1600.

De Backer, L. D., Keer, H. V. & Valcke, M. (2015). Exploring evolutions in reciprocal peer tutoring groups' socially shared metacognitive regulation and identifying its metacognitive correlates. *Learning and Instruction, 38,* 63-78.

Flavell, J. H. (1979). Metacognition and cognitive monitoring: A new area of cognitive-developmental inquiry. *American Psychologist, 34,* 906-911.

Hattie, J. A. C. (2009). *Visible learning: A synthesis of over 800 meta-analyses relating to achievement.* London: Routledge. 山森光陽（監訳）(2018). 教育の効果――メタ分析による学力に影響を与える要因の効果の可視化　図書文化社

飛田　操 (2017). 集団の愚かさと賢さ――コミュニケーション／協同　鹿毛雅治（編）パフォーマンスがわかる12の理論――「クリエイティヴに生きるための心理学」入門！ (pp.329-355) 金剛出版

Hiroto, D. S. (1974). Locus of control and learned helplessness. *Journal of Experimental Psychology, 102,* 187-193.

伊藤崇達（2009）．自己調整学習の成立過程――学習方略と動機づけの役割　北大路書房
Ito, T.（2017）. Qualitative differences in learning processes caused by the presence or absence of independent preparation time in experimental settings of socially shared regulation: A preliminary study focusing on macro and micro levels of regulation. *Bulletin of Educational Research Association*（*Educational Research Association, Kobe University*）, *23*, 30-36.
伊藤崇達・神藤貴昭（2003）．中学生用自己動機づけ方略尺度の作成　心理学研究　*74*, 209-217.
自己調整学習研究会（編）（2012）．自己調整学習――理論と実践の新たな展開へ　北大路書房
Johnson, D. W., Maruyama, G., Johnson, R., Nelson, D. & Skon, L.（1981）. Effects of cooperative, competitive, and individualistic goal structures on achievement: A meta-analysis. *Psychological Bulletin, 89*, 47-62.
鹿毛雅治（2013）．学習意欲の理論――動機づけの教育心理学　金子書房
倉盛美穂子（1999）．児童の話し合い過程の分析――児童の主張性・認知的共感性が話し合いの内容・結果に与える影響　教育心理学研究　*47*, 121-130.
町　岳（2009）．協同学習に否定的な認識を示す児童の理由――グラウンデッド・セオリー・アプローチによる、担任への面接調査の分析を通して　学校心理学研究　*9*, 37-49.
Malmberg, J., Järvelä, S., Järvenoja, H. & Panadero, E.（2015）. Promoting socially shared regulation of learning in CSCL: Progress of socially shared regulation among high- and low-performing groups. *Computers and Human Behavior, 52*, 562-572.
中西良文・長濱文与・下村智子・守山紗弥加・奥田久春・横矢祥代・梅本貴豊（2018）．協同学習における学習行動に及ぼす動機づけ・社会的スキルの影響――グループ間の違いに注目して　三重大学教育学部研究紀要　*69*, 541-546.
中西良文・中島　誠・大道一弘・益川優子・守山紗弥加・下村智子・長濱文与・中山留美子（2014）．協同学習場面における社会的動機づけ尺度作成の試み　三重大学教育学部研究紀要　*65*, 335-341.
岡田　涼（2014）．児童における仲間との協同的な学習に対する動機づけ――尺度の作成と学年差の検討　香川大

学教育学部研究報告第Ⅰ部　*142,* 63–73.

岡田　涼（2018）．小学生の協同的な学習活動に対する動機づけの影響　パーソナリティ研究　*26,* 300–302.

大芦　治（2012）．どうして無気力になるのか――学習性無力感　鹿毛雅治（編）モティベーションをまなぶ12の理論――ゼロからわかる「やる気の心理学」入門！（pp.303–334）金剛出版

Panadero, E. & Järvelä, S.（2015）. Socially shared regulation of learning: A review. *European Psychologist, 20,* 190–203.

Ryan, R. M. & Deci, E. L.（2000）. Self-determination theory and the facilitation of intrinsic motivation, social development, and well-being. *American Psychologist, 55,* 68–78.

佐伯　胖（1995）．「学ぶ」ということの意味　岩波書店

Schoor, C., Narciss, S. & Körndle, H.（2015）. Regulation during cooperative and collaborative learning: A theory-based review of terms and concepts. *Educational Psychologist, 50,* 97–119.

Seligman, M. E. P. & Maier, S. F.（1967）. Failure to escape traumatic shock. *Journal of Experimental Psychology, 74,* 1–9.

杉江修治（2011）．協同学習入門――基本の理解と51の工夫　ナカニシヤ出版

杉江修治・関田一彦・安永　悟・三宅なほみ（編）（2004）．大学授業を活性化する方法　玉川大学出版部

上淵　寿（編）（2004）．動機づけ研究の最前線　北大路書房

Umemoto, T.（2015）. *Motivational regulation in Japanese undergraduates.* Saarbrücken, Germany: Lambert Academic Publishing.

梅本貴豊・田中健史朗・矢田尚也（2018）．協同学習における動機づけ調整方略尺度の作成　心理学研究　*89,* 292–301.

Wild, T. C. & Enzle, M. E.（2002）. Social contagion of motivational orientations. In E. L. Deci & R. M. Ryan（Eds.）, *Handbook of self-determination research.* New York: University of Rochester Press.

Wild, T. C., Enzle, M. E., Nix, G. & Deci, E. L.（1997）. Perceiving others as intrinsically or extrinsically motivated:

Effects on expectancy formation and task engagement. *Personality and Social Psychology Bulletin, 23,* 837-848.

Wolters, C. A. (1998). Self-regulated learning and college students' regulation of motivation. *Journal of Educational Psychology, 90,* 224-235.

Zimmerman, B. J. (1986). Becoming a self-regulated learner: Which are the key subprocesses? *Contemporary Educational Psychology, 11,* 307-313.

Zimmerman, B. J. (1989). A social cognitive view of self-regulated academic learning. *Journal of Educational Psychology, 81,* 329-339.

Zimmerman, B. J. & Schunk, D. H. (Eds.) (2001). *Self-regulated learning and academic achievement: Theoretical perspectives.* New Jersey: Lawrence Erlbaum Associates. 塚野州一（編訳）(2006). 自己調整学習の理論　北大路書房

Zimmerman, B. J. & Schunk, D. H. (Eds.) (2011). *Handbook of self-regulation of learning and performance.* New York: Routledge. 塚野州一・伊藤崇達（監訳）(2014). 自己調整学習ハンドブック　北大路書房

第三章

社会・文化の視点からみたグループディスカッション

植村善太郎

はじめに――社会におけるグループディスカッション

本書では、第一章にあるように、「グループディスカッション」を集団による問題解決、理解深化、活動調整を目的とした相互的なコミュニケーションととらえています。友人同士が話し合って旅行の行き先を決めたり、職場で新商品の企画を議論したり、住民によるワークショップに参加して地域の課題に気づいたりといったことが具体例にあげられるでしょう。読者のみなさんも、これまでの学校生活、日常生活の中で、こうした状況を経験されていると思います。

「複数で考えた結論は、単独で検討した結論よりも優れたものになるだろう」という素朴な期待は、古くから人の世に存在していたようです（本書「まえがき」を参照）。複数の個人が集まれば総情報量が増加すると同時に、個々の考えの誤りが全体の中で相殺される可能性があることから、確かに複数で考えることにはメリットがありそうです。

また、話し合いに参加することは、結論を納得すること、受容することにつながると考えられます。たとえば、グループでの食事場所や旅行先を決める話し合いに参加しなければ、自分の食事や行き先を他人に一方的に決められて不満を感じるかもしれません。参加をして、意見を述べれば、最終的な結論を受け入れやすくなるでしょう。

さらに、複数の選択肢がある状況では、比較が必要になることから、選択肢に関する知識を得ることへの意欲が刺激されます。そのようなときに、複数で話し合うと、参加者間で意見交換が生まれ、他者の視点に気づくことで、各人の認識が深まるということも期待できるでしょう。

実際、こうしたメリットは自治体運営においても活かすことができます。たとえば、長谷川・鈴木（2010）では、郡上市白鳥中央地区における公共施設整備に関して、その計画段階から住民が参加した事例が分析されています。住民が、施設整備に関するワークショップおよび会議に継続的に参加することで、自治体の運営状況や地域の実態に関する認識を深め、当事者意識を高めていった過程が報告されています。

裁判員制度もこうしたメリットを期待した制度と考えられます。裁判員制度とは、複数の一般市民が、専門家である裁判官と被告の有罪無罪および量刑について評議し、司法判断に参加する制度です。複数の一般市民と専門家が話し合うプロセスが導入されている点で、前述の公共施設整備における行政と市民との協同した意思決定と類似しています。裁判員制度では、市民の意見の司法への反映がめざされているだけでなく、参加する市民の裁判に対する理解の深化や司法への信頼感の向上も期待されています（図3―1）。

複数で話し合うことに対する期待を背景に、私たちの身のまわりには、現在、数多くのさまざまな「グループディスカッション」が存在しています。

しかしながら、グループで話し合えば、常に望ましい効果を上げることができるかといえば、そう単純でもないことがこれまでの研究から知られています。実際、日々の生活を振り返ると、うまくいかなかったグループディスカッションは、誰しもが経験していることでしょう。

本章では、主として社会心理学の観点から、グループディスカッションのプロセスや結論に影響する要因について検討し、グループディスカッションの効果的な運営のた

図 3-1　裁判員制度の説明
（最高裁判所，2006：パンフレット「よくわかる！裁判員制度 Q&A（第 12 版）2018 年 9 月発行」より抜粋。https://www.saibanin.courts.go.jp/news/qanda.html）

めに留意すべき点を考えます。

第一節　グループディスカッションの「強み」

(1) 情報量の増加

「三人寄れば文殊の知恵」という言葉が示すように、多数で意見を出すことが結論の質を向上させる現象のひとつに「集合知」(wisdom of crowds) とよばれるものがあります (Surowiecki, 2004　小高訳 2009)。広く分散していて、多様な考えをもった人々から、相互に影響しない独立した状態で意見を収集し、その平均値をとると、正しい答えに近似する現象です。Surowiecki (2004) は、遺伝の研究で有名なゴールトン (Galton, F.) が家畜家禽見本市で経験した一種の「集合知」について記しています。それによると、その見本市では、雄牛の重さを見た目からあてるコンテストが開かれていました。参加者は六ペンスの参加料を支払い、雄牛の重さの推定値を記入したチケットを提出します。最も正解に近い人が賞品をもらえるというルールでした。参加者は専門家ばかりではなく、非常に多彩だったとされています。ゴールトンが、判読できた七八七枚のチケットのデータの平均値を算出したところ一一九七ポンドでした。実際の雄牛の重さは一一九八ポンドで、推定値の平均値ときわめて近い値でした。Surowiecki (2004) では、その他、株式市場、スポーツ関連の賭け市場など、さまざまな人々が予測値を提供し合う場において、それらの集積値がかなりの正しさをもつことが述べられています。日本においては、有馬 (2016) が大学生を対象とした実験によって、推定値の平均値が、最も誤差の小さかった個人の推定値よりも正確になることがあると報告しています (図3－2)。多くの人の意見を独立して広く寄せ集めて、それらを総合すると、一般に想像する以上に妥当な答えが導かれるようです。情報量が増加することのメリットといえるでしょう。

ただ、この「集合知」の議論を、グループディスカッションに結びつけるのには、少し問題もあります。集合知においては、意見を出す参加者（といっていいのかわからないものもありますが）が独立していることが重要で、相互に意見交換をしたり、話し合って一つの結論を見いだそうとしたりするプロセスは正確性を下げる可能性があります。多様性に基づいた情報量の増加による「集合知」は、グループディスカッションの「強み」のひとつと考えられます。しかし、それはあくまでも「潜在的な可能性」として存在しているだけです。複数で話し合うことには、優れた結論が生成される可能性が秘められていますが、現実には、うまくいかない可能性も大いにあるといえるでしょう。実際、有馬（2016）の研究では、話し合いのない「集合知」条件での推定値が、話し合って決める条件での推定値よりも、正確であった事例が報告されています。

情報量が多い、メンバーに多様性がある集団でのグループディスカッションが

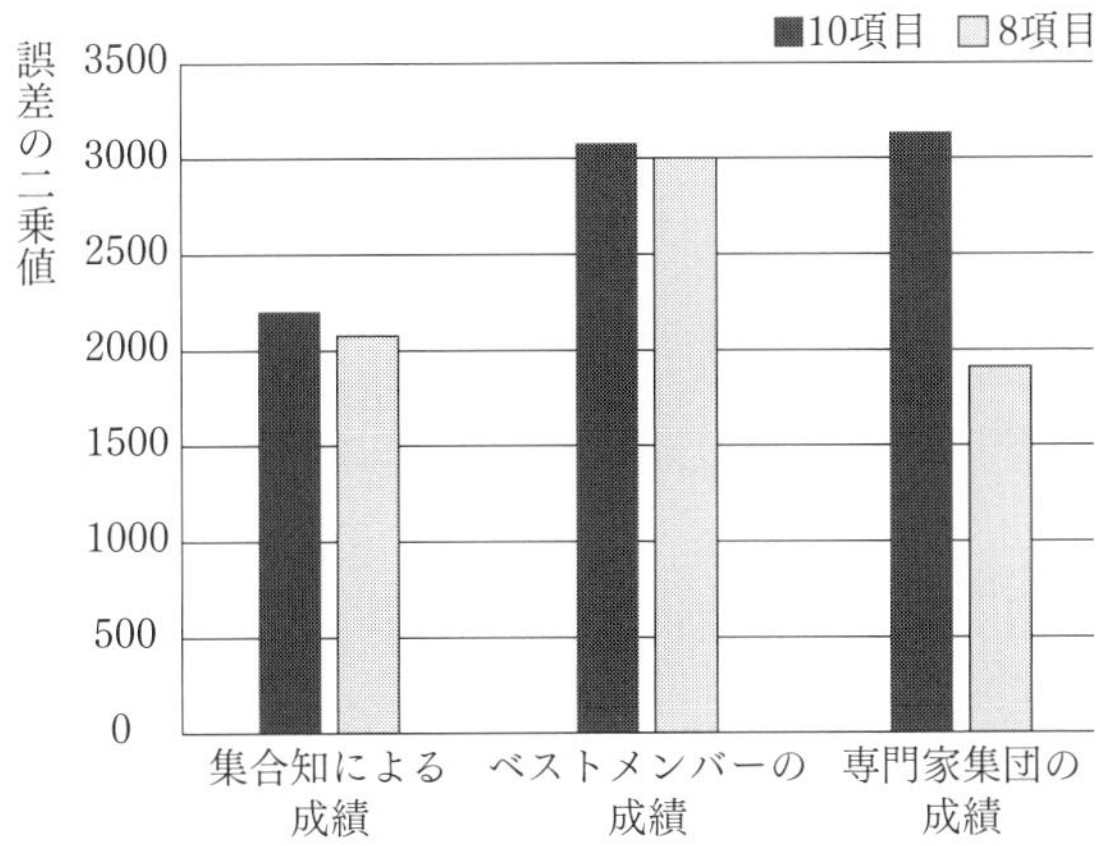

集合知：全体での推定値の平均値から正解を引いて二乗した値
ベストメンバーの成績：最も誤差が少なかった個人の推定値から正解を引いて二乗した値
専門家集団の成績：最も誤差が少ない決定をした集団の推定値から正解を引いて二乗した値
（誤差の二乗値は低いほど正確であることを表す）

図 3-2　集合知が優秀さを示した事例
（有馬，2016 における事例 1 の報告から作成）

うまくいかないことがある理由は何でしょうか。集団での話し合いにおけるメンバーの多様性が及ぼす影響については、飛田（2014）による詳しいレビューがあります。それによると、メンバーに多様性があることは、優れたパフォーマンスが生まれる可能性を高めると同時に、コミュニケーションの難しさを生じさせ、そのことが、集団のパフォーマンスを抑制する可能性があるとされています。確かに意見がバラバラの人々による話し合いは、コミュニケーションが難しくなりそうです。情報量が多くなることによるメリットを享受しようとすれば、コミュニケーションが鍵になるということです。

この件については、後にコミュニケーションの困難さに関連した箇所でもう少し詳しく述べたいと思います。ここでは、グループディスカッションの望ましい効果の背景には、複数の人間が話し合うことによる情報量の増加があることを確認して次に進みたいと思います。

（2） 社会的促進

一人で課題を行うよりも、近くに他人がいたり、同じ課題を行う競争相手がいたりするほうが、遂行量が増えることを「社会的促進」（social facilitation）といいます（Zajonc, 1965）。Zajonc（1965）では、研究例のひとつとして、回転する点をさし棒（a hinged pointer）で追跡する課題（pursuit-rotor task）において、単独で課題に取り組むよりも四人から八人の観衆によって注意深く観察されているときのほうが、パフォーマンスが上がることを報告した研究（Travis, 1925）が取り上げられています。そのほかにも、さまざまな課題を、個別に取り組んだ場合と、ほかの人と一緒に取り組んだ場合とを比較し、ほかの人と一緒に取り組むことの優位性を報告している研究（Allport, 1920）も取り上げられています。興味深いことに、Zajonc（1965）では、人間以外の生き物における社会的促進効果にかかわる研究も取り上げられています。たとえば、Chen（1937）は、湿り気のある砂土を入れた瓶に単独、二匹のペア、三匹のトリオの状態で、アリを入れて、巣作りの活動に取りかかるまでの時間と、掘り出した砂の重さとを測定しています。そうすると、ペアやトリオで瓶に入れられたときのほうが、単独で入れられたときに比して、活動に取りかかるのが早く、掘り出す砂が多いことが明らかになりました（図3-3）。すなわち、単独のときに比して、ほかの個体と一緒のときのほうが、アリはよく働いていたのです。そのほかにも、ニワトリ、ネズミ、ゴキブリといった動物での社会的促進を示していると考えられる研究例があげられています。

　こうした促進の原因を、Zajonc（1965）は他者の存在によって、アローザル（arousal）、すなわち覚醒水準が高まることとしています。ほかの個体の存在によって覚醒水準が高まることで、その課題に対して、通常起きがちな反応、すなわち優勢反応（dominant response）が引き起こされることが、社会的促進を生起させるとしています。Hunt & Hillery（1973）は、参加者の尖筆（stylus）が行き止まりに入った回数がカウントされる迷路課題を用いて、間違いやすい難しい迷路課題では、共行動者がいるとより多くの誤反応が生起し、逆に正反応が出やすい容易な課題では、共行動者がいるとより多くの正反応が生起することを明らかにしています。日常的にうまくやれることが多い

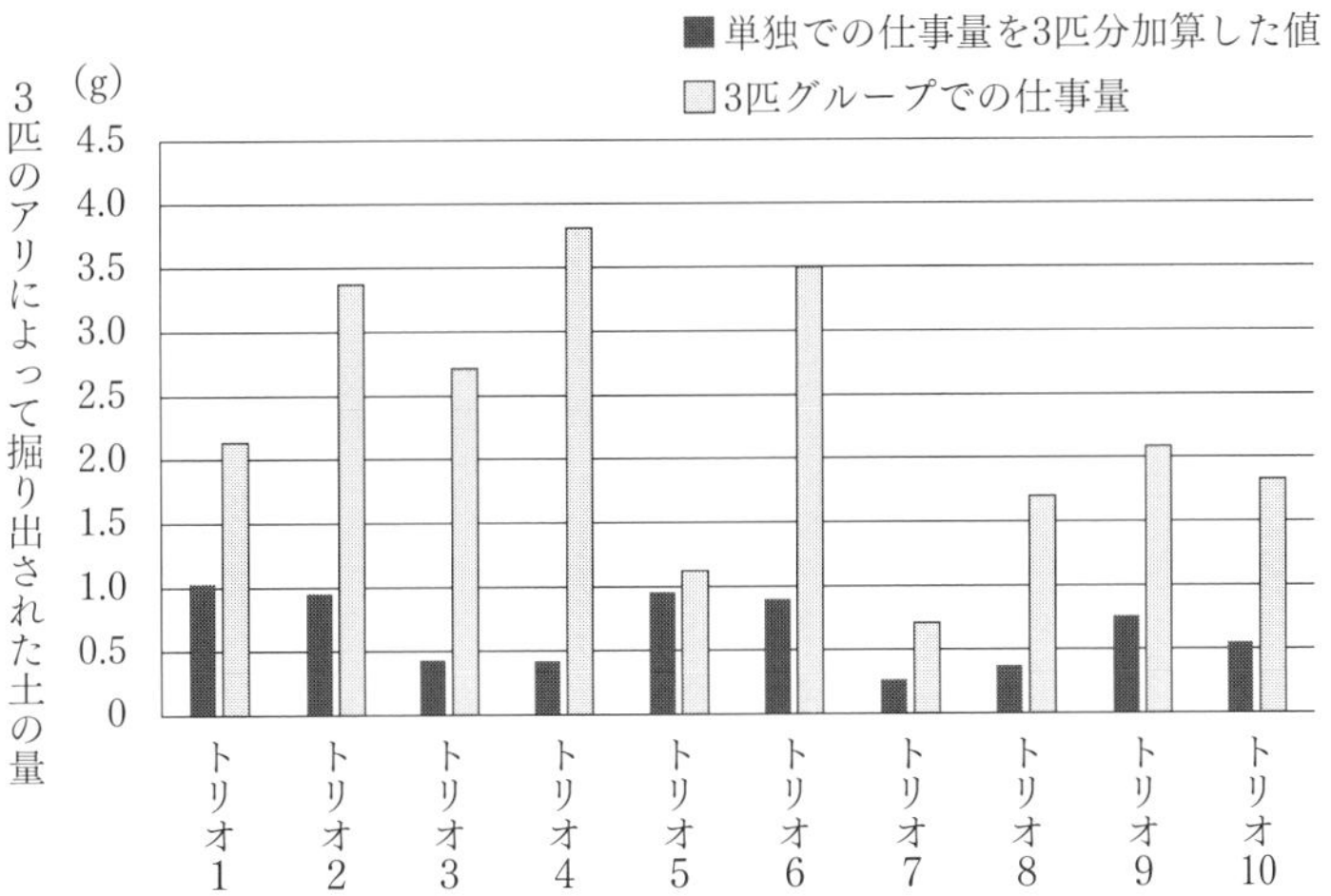

図 3-3　アリの巣作り活動における社会的促進
（Chen, 1937 より作成）

行動であれば、他者が一緒にいることは、パフォーマンスの向上につながるということです。

たとえば、楽器の演奏場面などを想像すると、普段から上手に演奏できる曲であれば、それを聞いてくれる他者が存在すると、よりうまく弾けるということはありそうです。一方、普段から上手に弾けない曲を、人前で披露する場合、普段以上にうまく弾けなくなるのも、現実の中でありがちなことでしょう。

この考え方に従えば、グループディスカッションという状況では、自分以外の他者が存在していますので、社会的促進の効果が発生します。その話し合いの課題が困難でない場合には、一人ひとりのパフォーマンスが促進されると考えられます。すなわち、話し合いにおいて、各メンバーの発言が増加する、考えが深まるといったことを期待できます。

ただし、社会的促進に関する従来の研究の多くは、迷路や記号の転記課題など、個人としてのパフォーマンスを問題としています。したがって、集団での作業場面であるグループディスカッションにおいて、個人の学習のほかに、発言量の増加といった集団にかかわる行動の促進効果が生じるかについては、はっきりしていません。

また、前述のように、課題が難しい場合は、「うまくやれない」状態が促進されますので、パフォーマンスは低減すると考えられます。したがって、社会的促進効果を得たい場合は、課題を事前に提示する、その難しさを調整するなどの工夫が必要になるでしょう。

(3) 結果への満足感および行動変化への影響

集団で話し合って出した結論には、相対的に満足感が高くなることが知られています。

藤井ほか(2002)では、ゴミ処理場の建設場所を決めるという仮想シナリオを提示した実験によって、とくに自身が在住する町に立地が決まるという利己的な損失がある場合に、くじ引きや多数決による決定方法に比して、話し合いによる決定方法は手続き的な公正感が高くなり、結果に対する満足度が高くなる傾向にあることが示されています（図3-4）。同様の結果は、住宅地におけるゴミ捨て場の設置場所を決定する場面を仮想的に構成した実験研究（柴田 2014）でも得られています。設置のための話し合いを行った実験参加者の多くは、結果とプロセスの両方に満足している人が多く、プロセスに満足している理由に、全員が意見を述べて話し合いができたことをあげていました。私たちは、話し合うという手続きをふむことで、公正感を感じ、その結果に対する満足度を高めるようです。

また、話し合いを行ったうえで、参加者自身がこれからやろうと思うことを決定すると、それが遵守されやすいことも知られています。Lewin（1947）は食習慣などの社会行動を変革する方法として、集団決定が有効であることを明らかにしています。そのなかで取り上げられている研究のひとつが「六つの赤十字グループ」による実験です。この実験では、当時ポピュラーではなかった牛の臓物を料理し、食することの学習が課題とされていました。一つの対象に対しては、その栄養面と価格面でのメリット、料理法などの講義が行われました。もう一つの対象はグループが組まれ、情報提供がなされたうえで話し合いが行われ、最後に食べる気になった人は挙手による意思表明を求められました。その結果、講義を受けた対象者では一週間後に実際に料理をして食べたのはわずかに三%でしたが、グループで話し合った対

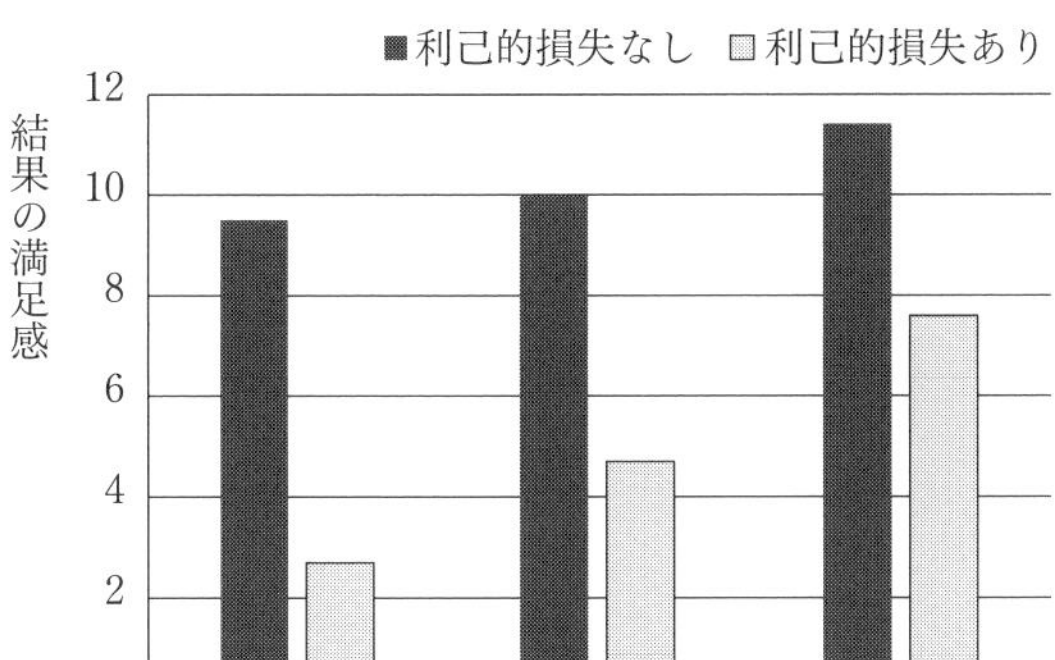

図 3-4　決定方法のちがいと利己的損失の有無がゴミ処理場立地場所の決定結果に対する満足感に及ぼす影響
（藤井ほか, 2002 より作成）

象では三二%が料理をして食べていました。

日本でも、学校における「掃除の徹底」「漢字の書き取り」課題などについて、生徒たちの行動変化を目標とした介入研究が行われています（三隅　1956a; 三隅・原岡　1958, 1960）。また、バスの運転士に対する事故防止を目標とした訓練効果を、個別に参加したグループと集団で参加したグループとで比較した研究（三隅・篠原　1967）、私語の抑制（卜部　1995）、献血参加（佐々木　2000）、環境に配慮した交通行動（松村・谷村　2005）などに関する研究が行われており、おおむね、集団決定がその後の行動変化に一定の効果をもつことを明らかにしています。

グループディスカッションは、第一章で述べられているように、個人の成長をめざして用いられる場合がありますので、そうした状況においては、こうした効果は非常に重要なものになると考えられます。

（4）認識の揺れおよび深化

集団で話し合っていると、自分の知らなかった情報が得られたり、異なる立場の異なる見方にふれたりすることで、自身の考え、意見、立場が揺らいでいくことがあります。個人で考えて答えを出す状況より、自分とは異なる他者が存在するほうが、こうした揺れは大きくなることが多いと推測されます。こうした揺れは、後に説明する他者に影響を受けて態度が多数者の方向に変化する「同調」現象ともかかわっていますが、ここで述べたいのは、話し合いを通した考えや態度の変化のことです。これは、話し合うことでの認識の「深化」というべきものだと考えられます。

前出の藤井ほか（2002）は、原子力発電所の立地問題を例にあげながら、話し合いによって立地を決定する際に、それぞれの利己的な選好だけでなく、原子力発電所が必要な理由、その客観的なリスクなど公共的な論点も話し合われるのであれば、人々は自身の利己的な得失のみに注目しなくなる可能性を指摘しています。複数で話し合いを行うと、先に取り上げた「情報量の増加」が生じますが、さらに、それぞれの情報にどの程度の重みづけをするかが変動する可能性があるということです。こうした変動が参加者の考えや態度における揺れを生み、そうした揺れの中で認識が深化していくともいえます。こうした揺らぎを含む、ダイナミックなプロセスが展開されることが、グループディスカッションのメリットのひとつでしょう。

こうしたダイナミックなプロセスは、一九五七年シドニー・ルメット監督によるアメリカ映画「十二人の怒れる男」(12 Angry Men)に描かれています。映画の大半の時間は、暑い密室における、十二人の陪審員たちによるグループディスカッションに占められています。スラム地区での男性の殺害事件に関する裁判で、容疑者は殺された男性の息子である少年です。当初、ほとんどの陪審員は、事件に関する先入観そして少年の居住地域への偏見などに基づいて有罪と考えますが、ただ一人、陪審員八番が、有罪に確証がもてないことを理由に無罪を主張します。陪審員八番の偏りのない、論理的な意見とそれに賛同する陪審員の出現に後押しされて、具体的な証拠品、証言内容などについて、批判的な検討と議論が始まります。議論の中で、証言内容などの証拠資料の不確かさが露わになり、当初の事件のイメージが少しずつ揺らいでいきます。そのプロセスで各陪審員の意見に変化が生じ、映画の終盤、ついに評決に達するというストーリーです。集団で話し合うことの意味を考えさせてくれる優れた映画です。

また、話し合うトピックについて理解が深まるときには、参加者同士の理解も深まることが多いと経験的には考えられます。話し合いによって、相互理解が進み人間関係が自ずと深まることは、いわゆる「グループエンカウンター」などの存在にも示されています。困難な葛藤を抱えている国同士でも、国際的な会議があれば、ともに席に着き、話し合いに参加することは国際社会ではよく見られる光景ですが、こうした行動にも、同席して話し合いに参加することの意義が隠されているのかもしれません。

話し合いが相互理解につながるというメッセージを象徴したベンチがあります。それはオスロのノーベル平和センターの依頼で作成されたもので、二〇一九年七月にニューヨーク国際連合本部前でお披露目されました。「The Best Weapon」と名づけられた、中央が沈み込んだかたちに曲がったそのベンチに複数の人が座ると、自然に肩と肩が触れ合います（図3-5）。ベンチの台座には、アパルトヘイトと闘った南アフリカ元大統領ネルソン・マンデラ氏の「最高の武器は座って話し合うことだ（The best weapon is to sit down and talk）」という言葉が刻まれています。このベンチは、二〇一九年九月下旬に国連総会が終了したのち、ノーベル平和センター近くの広場に移設されました。

図 3-5　ニューヨーク国連本部前の The Best Weapon
（隅，2019：写真は毎日新聞社提供）

第二節　グループディスカッションの「弱み」

（1）モチベーションの低下 ――社会的手抜き

集団での課題状況では、メンバー個々のパフォーマンスは、個人で取り組む状況と比して低下する傾向があります。たとえば、実験参加者にできるだけ大声を出すことを教示した実験では、単独で声を出した条件を一〇〇％とすると、もう一人の参加者と一緒に声を出していると考えている場合八二％の声の大きさになり、ほかの五人の参加者と一緒に声を出していると考えているときには七四％の大きさになることが報告されています（Latané et al., 1979）。こうした現象を「社会的手抜き」（social loafing）といいます。釘原（2013）は、社会的手抜きを「個人が単独で作業を行った場合にくらべて、集団で作業を行う場合のほうが一人あたりの努力の量（動機づけ）が低下する現象」としており、集団で行う綱引きのような力仕事だけでなく、ブレインストーミングのような頭脳労働でもその現象は確認されると述べています。

釘原（2013）は、社会的手抜きの発生要因を、環境的な外的条件と心理的・生理的な内的条件に整理しています。外的条件としては、「評価可能性」「努力の不要性」「手抜きの同調」があげられています。「評価可能性」とは、自分個人の努力や貢献が評価される程度を意味します。「努力の不要性」は、まわりが優秀であったり、協働している人の数が非常に多かったりすることで、自分の努力が全体の結果に大きくは影響しないと感じる程度です。「手抜きの同調」とは、集団内のほかの人が、まじめにやっていないときに、それに同調して、自分も作業量を減らしてしまうといったことを意味しています。

内的条件には、「他者の存在による緊張感の低下」「注意の拡散」があげられています。「他者の存在による緊張感の低下」とは、多数のうちの一人になることで、緊張感が低減し、遂行量や動機づけが低下するということです。「注意の拡散」というのは、一緒に作業をしている他人に気を取られることで、自分の遂行量が低下することを意味します。

集団での話し合い、グループディスカッションでは、そこでの個人の努力や成果が見えづらいことが少なくないと考えられます。筆者が担当している授業でも、学生同士で四人程度の小グループを構成し、課題を与えて集団としての答えをまとめるための話し合いをする時間をとることがあります。全員が一生懸命に活発に意見を出し合うグループもありますが、一方で、一、二名が積極的に取り組み、ほかのメンバーはそれを聞いているだけだったり、メモをとったりといった消極的な参加に終始しているグループもあります。こうした場面では、個々の評価の可能性が低く、さらにほかのメンバーががんばって課題を進めている姿を見ることで、自分ががんばる理由を見つけられなくなる人が出てくるのでしょう。さらにそのような消極的になっている人の姿がモデルとなって、消極的な人をさらに生み出すといった連鎖過程が生じていると想像されます。まさに、釘原（2013）であげられていた環境的な外的条件である「評価可能性」「努力の不要性」「手抜きの同調」があてはまっています。

学校内での生徒会、さまざまな部活動、あるいは町内会といった集まりで、何らかの全体にかかわる課題を集団で考えようとすると、少なくない人があまり積極的ではないのは、こうした現象が背後に潜んでいるからだと考えられます。グループディスカッションを活性化するためには、個人の貢献が見えるかたちにする、それぞれのがんばりが全体の結果には重要であることを強調する、まじめに取り組むのが楽しくなるようにするといった、社会的手抜きを成立させている条件を取り除く工夫が求められるでしょう。

(2) 決定の質の低下 ——集団浅慮

グループで話し合うことで決定の質は高まるのか、逆に低くなるのかは重要な問題です。先に述べたように、「三人寄れば文殊の知恵」という言葉があるように、個人で考えるよりも、グループで考えたほうがよい考えが生まれそうなイメージがあります。しかし一方で、「船頭多くして船山に上る」「アビリーンのパラドックス（注＊1）」という言葉に表されるように、みなで考えることによって、むしろ議論がおかしな方向に向かってしまう経験も少なくありません。

こうした問題にかかわる研究トピックに「集団浅慮（あるいは、集団思考、groupthink）」があります。集団浅慮とは、集団で一致した結論を得ようとすることで、メンバー自身が異論を自ら押さえ込んだり、集団の考えにとって不都合な逸脱した意見の影響を低減するような役割を演じる人が出てきたりして、個人で考えるよりも決定の質が低下する現象を意味します（Janis, 1971）。典型的な事例としては、キューバ危機の引き金になった一九六一年のアメリカのキューバ侵攻作戦（ピッグス湾事件）の承認をあげています。Janis（1982）は、集団浅慮の先行条件として、⑴集団凝集性の高さ、⑵集団外の専門的知識や客観的評価を得る機会がないといった意思決定集団の孤立、⑶公平なリーダーシップの欠如、⑷系統的な決定手続きを要求する規範の欠如をあげています。

集団浅慮については、歴史的なケース研究、そして実験的研究が数多く行われています。Esser（1998）は、それらの研究を総合して、集団浅慮の先行要因として次のような考察をしています。まず、集団成員間の魅力としての集団凝集性は、集団浅慮を予測する力は強くない。第二には、構造的な、そして、手続き的な集団の不備は、集団浅慮を予測する。「構造的な、そして、手続き的な集団の不備」とは具体的には、集団の孤立、促進的なリーダーシップ（promotional leadership）、メンバーの同質性（McCauley, 1989）、系統的な意思決定手続きの欠如（Neck & Moorhead, 1992）などを意味します。ここでの促進的なリーダーシップとは、中立的でなくある方向に対して積極的であるといった性質を意味しています。

Esser（1998）の議論をもう少し具体的に考えると次のようになります。

まず、Janis（1982）は集団内のメンバー同士のまとまりの要因は、集団浅慮を引き起こす要因としましたが、実際には明確にひとつの方向に影響する要因ではないということです。仲良しグループで話し合いをすると結論の質が落ちるかというと、必ずしもそうでもないということです。逆もそうで、関係性が良好でないグループでも、結論の質はいいときもあれば、そうでもないときもあり得るということです。

そして、話し合いをする集団が密室状況に置かれていて、集団外からのチェックもなく、孤立しているとか、話し合いにおける決定までの手続きが明確でないとか、話し合いをある方向に積極的に進めようとするリーダーが存在するといったことは、集団決定の質を悪化させうるということです。

集団で話し合いを行う状況が、社会的に孤立していると、外部の目を意識する程度が下がります。話し合いの内容や結論について、部外者から意見される可能性が低いと、どうしても、自身の言動や結論に対する責任感は希薄になるものでしょう。こうした傾向が、集団全体に広がると、慎重な議論が行われなくなり、決定の質は低下するのだと考えられます。

リーダーシップが集団浅慮を生起させる要因になるというのは、意外かもしれませんが、後述する裁判員裁判に関する研究においても、裁判官役の意見にメンバーの意見が収束する傾向があることが見いだされています（村山ほか　2012）。意見をまとめるのがリーダーの役割のひとつだと考えるならば、こうした結果は、当然ともいえますが、集団での意思決定の質にとっては、そうした突出した個人が存在することで難しい問題が起こってきます。前節で多様性による情報量の増加、それによる認識の深化がグループディスカッションのメリットであると述べましたが、促進的なリーダーシップの存在はそうした多様性を収束させてしまう可能性があります。また、前節でふれたように社会的手抜きを引き起こす要因のひとつに、「努力の不要性」があります。突出した力量をもったメンバーの存在は、ほかのメンバーの中に「努力の不要性」の認知を作り出してしまい、結果として話し合いの中で多様な意見が交わされなくなる可能性があります。話し合いにおけるリーダーシップのあり方には、ジレンマがあるということです。

また、決定手続きがはっきりしていないと、自分の意見がどのように生かされるのかも不明確です。さまざまな意見が出てきたとしても、結論にはほとんど採用されなかったり、強引な妥協案にまとめられたり、恣意的に結論が出されたりするようだと、参加者の話し合いに対する動機づけは低下しやすくなります。結果として、決定の質の低下が多くなると考えられます。

こうした要因は、日常的な多くの話し合い場面に潜在していると考えられます。グループディスカッションを行う際には、こうした要因を意識化し、マネジメントすることが必要でしょう。

(3) メンバーの多様性、メンバー間のちがいによるコミュニケーションの困難性

①知識や力の不均衡

集団のメンバーには、先に述べたように多様性があったほうが、情報量が増加するので、話し合いのうえでは有利です。しかし、実際には、知識量にちがいがあると、多くの知識をもつ人の意見に多くの人が影響され、コミュニケーションが活発にならないおそれがあります。先に少しふれましたが、模擬的な裁判員裁判の審議過程を構成した研究によると、多くの参加者は、裁判官役の人の判断に同調すると同時に（図3-6）、そのことによって、正しい判断に行き着いたと感じる程度が高いことが報告されています（村山ほか 2012）。有名なアッシュの同調に関する研究では（Asch, 1951）、正解がわかりにくくなると同調性が高くなるとされていますが、まさにそうしたことが裁判員裁判を模したグループディスカッションにおいても生じるのでしょう。

知識ではなく、権力および権限について偏りがある状況でも、自由な議論が抑制され、リーダーの意見を軸にした議論と決定が優勢になることはあり得

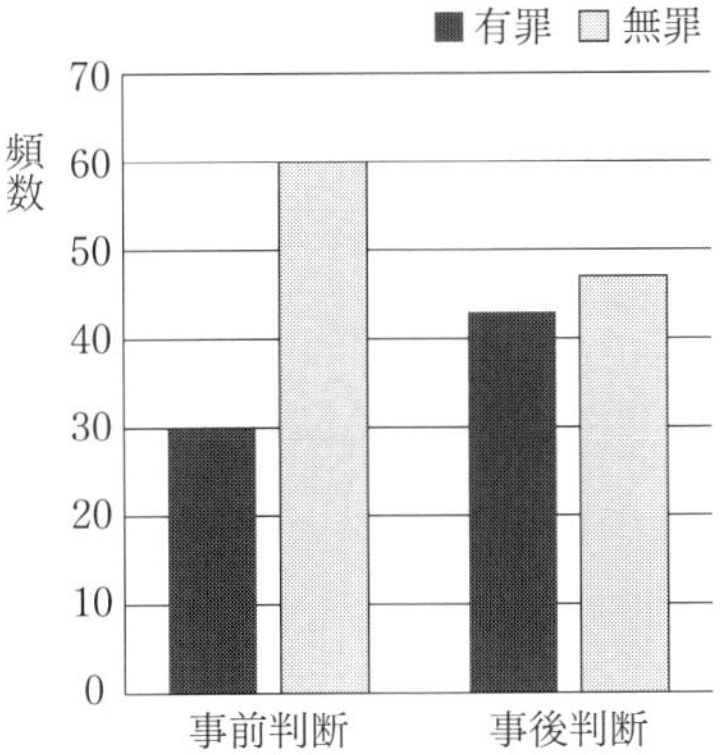

図 3-6　専門家が「有罪」判断を示した実験における評議前後における有罪・無罪判断の頻数の変化
（村山ほか, 2012 より作成）

るでしょう。メンバーに「自分の知識や立場では課題に適切な回答を与えることができない」という認識、すなわち「努力の不要性」が認知されると、社会的手抜きが発生する余地が生まれてくるからです。こうしたことから、グループディスカッションを効果的なものにするためには、メンバー間の知識や権限の偏りについて、なんらかの対応を準備しておくことが重要であるといえます。

②多様性によるコミュニケーションの困難さ

グループディスカッションにメンバーの等質性、多様性が及ぼす影響については、先にあげた飛田(2014)による詳しいレビューがあります。それによると、メンバーの多様性は、コミュニケーションの難しさを生じさせ、そのことが、集団でのパフォーマンスを抑制する可能性があるとされています。もっている知識がちがう人、視点がちがう人が集団内で話し合いを行う場合、そこには意見の食いちがいが生じ、それが葛藤を生じさせる可能性があります。うまく議論をマネジメントすることが困難になり、それが結果的に、決定の質を低下させるということは十分に考えられます。そのため、「成員の間で生起する可能性の高い対人葛藤を克服し、異質性をパフォーマンスに結びつけることができるかどうかが、集団による効果的な問題解決パフォーマンスに影響していると考えられる」（飛田　2014, p.60）とされています。

ところで、さまざまな集団で取り組む課題に対して、全般的に好成績をとれるような一般性のある集団的知性（collective intelligence）についての研究があります（Woolley et al., 2010）。そこでは、そうした一般的な集団的知性が確かに存在すること、そして、その特性と、対人感受性（social sensitivity）のグループでの平均得点、集団内のメンバー間における発言頻度の偏りの少なさ、そして集団内での女性の割合の高さとが相関することが報告されています。すなわち、一般的にいろんな課題にうまく対処できるグループと、そうでないグループが存在し、うまく対処できるグループでは、メンバーのほかのメンバーの心情などに対する敏感性が相対的に高く、集団内では平等に発言が行われていて、女性の割合が相対的に高いということです。この研究における女性は、男性に比して、対人感受性が有意に高かったので、性別の効果は、対人感受性のちがいを反映している部分があります。対人感受性の高さは、行動的には、広くコミュニケーションと関連すると考えられますので、この研究でもコミュニケーションがうまくいくことが、グループとしてのパフォーマンスの鍵になることが示唆されているといえます。

これらをまとめると、集団内のメンバー間の異質性や多様性は、知識量であっても、意見であっても、同調、社会的手抜き、コミュニケーションの難しさを生じさせる可能性を高めます。そして、そのコミュニケーションの難しさは、集団でのパフォーマンスにネガティブな影響を及ぼすと考えることができそうです。したがって、コミュニケーションの難しさに対応しなければ、メンバーの異質性はグループディスカッションにとっては、ネガティブな効果を生む可能性が高いと考えられます。逆に、コミュニケーションの難しさに積極的に対処し、コミュニケーションに円滑さを与えることができれば、メンバーの多様性、異質性は、むしろグループディスカッションを成功に導く重要な要素となり得るといえます。

③コミュニケーションの改善にかかわる介入の試み

コミュニケーションを円滑にする方法としては、個人のソーシャルスキルの改善が考えられますが、一人ひとりがそうしたトレーニングを受けることには、それなりの時間と準備が必要になります。集団に対して、簡便に行える介入や工夫があると、グループディスカッションを実際に行う場面では有用です。

前出の飛田（2014）では、集団での話し合いにおけるコミュニケーションに対して効果的に介入することが可能であることが考察されています。それによると、集団に対して、自分と異なる意見は有益であることや、意見の相違がより適切な解を得るための機会になるといった教示をあらかじめ与えて集団での問題解決を行うと、教示を与えられなかった条件に比して、パフォーマンスが優れたものになるとされています。異質性をもった個人が集うことで生起しがちなコミュニケーションの難しさ、そして対人葛藤の有益性を認識させ、心の準備を促すことで、葛藤が前向きに解決され、結果として高いパフォーマンスに結びつく可能性があるということです。

また、集団に対する教示のほかに、飲食しながら話し合いをすることにも効果があるといわれています。飛田（2017）は、針金のハンガーを題材に、洋服をかけること以外の用途を考えさせる、いわゆるUnusual Uses Taskを集団に課しました。その際、ひとつの条件では飲食なし、もう一つの条件では、菓子と飲み物を提供し、集団で課題に取り組みながら自由に摂っていいとしました。その結果、飲食あり条件では、集団で生成されたアイデア数、独創性、そして参加者の作業の楽しさや満足感といった主観的な評価などが、相対的にポジティブなものになったことが報告されています（図3-7）。

私たちの日常生活におけるグループディスカッションとして、実際に参加する頻度が最も高いものは大小さまざまな会議でしょう。参加者の多くが満足できる会議にすることは容易ではありません。そうした会議の工夫について記した書籍に、榊巻（2018）『世界で一番やさしい会議の教科書　実践編』（日経ＢＰ社）があります。そこにあげられている会議における八つの基本動作は、次のとおりです。

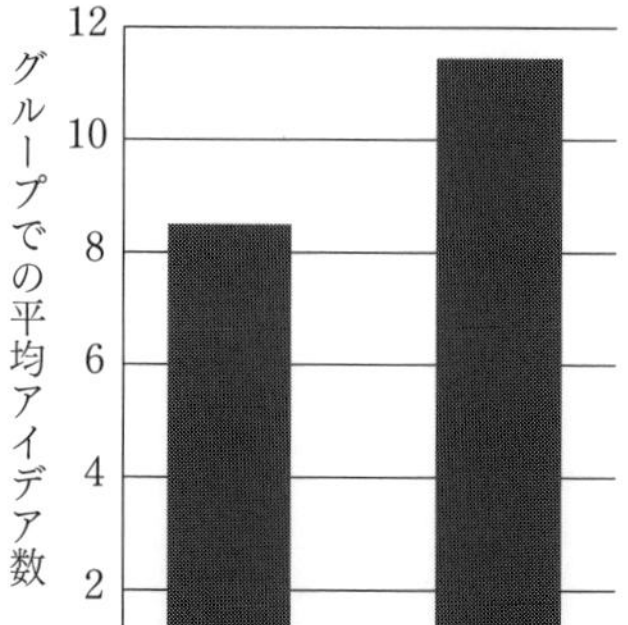

図 3-7　飲食行動と集団でのアイデア数との関係
（飛田，2017より作成）

1．終了時に、決まったことを確認する

2. 開始時に、会議の終了条件を確認する
3. 開始時に、時間配分を確認する
4. 会議中に、議論を可視化する
5. 会議前に、準備する
6. 会議中に、全員から主張を引き出す
7. 会議中に、対話を促し合意形成する
8. 会議中に、振り返りをする

いずれも、会議内でのコミュニケーションを円滑にするための準備、工夫として、有効なものだと考えられます。とくに、「2．開始時に会議の終了条件を確認する」ことは、会議の具体的な目的、終了状態を共有することで、会議参加者がそれぞれの立場で「会議を終える方法」を考えることにつながるでしょう。これによって「努力の不要性」（釘原　2013）が低減し、「社会的手抜き」を抑制することが期待できます。また、「4．会議中に、議論を可視化する」ことは、自己の発言がホワイトボードなどに記されることで、自身の貢献が集団内で確認できるようになることを意味するので、「評価可能性」（釘原 2013）が向上し、「社会的手抜き」が抑制されると予測されます。

グループディスカッションの有効性にとって、コミュニケーションの円滑さはとても重要な要素です。しかし、性格、知識、立場、これまでの経験などが異なる複数の人が心の壁を低くして、安心して自分の考えを述べられる状況をつくるのは、簡単でないのも事実です。グループディスカッションを企画したり、進行したりする際には、それがとても繊細な作業であることを自覚し、それに対して準備しておくことが重要だと考えられます。

第三節　選考を目的としたグループディスカッションについて

ここまで、グループディスカッションの「強み」と「弱み」について考察してきました。グループディスカッションを企画運営する立場の人にとって、たとえば、参加者個人の評価を取り入れることで「社会的手抜き」を減らすことができるといった知識は比較的活用しやすいと考えられます。一方、グループディスカッションに参加する個人の視点に立つと、これらの研究の活用方法は明確ではないかもしれません。この参加者の視点は、とくに「選考を目的としたグループディスカッション」（第一章参照）に臨もうとしている人にとっては、たいへん重要な問題でしょう。そこで、本節では「選考を目的としたグループディスカッション」を念頭において、これまでにあげてきた研究に基づいた提言を試みます。

ただし、選考する組織や、その時に採用したい人材像によって、重視される点は異なりますので、どのように振る舞うと選考に有利に働くかといったことを、ここで一般的に、なおかつ具体的に述べることは困難です。しかし、全般的にいえば、和やかで、建設的な雰囲気があり、活発な意見交換が行われ、参加者が納得のいく結論を導き出すことができれば、そのグループディスカッションの参加者に対して、好印象が生じやすいでしょうし、それは肯定的な評価につながる可能性が高いと考えられます。すなわち、個別の詳細な評価までは予測できませんが、グループディスカッションが円滑に進められることが、グループ全体の好印象に結びつくことは、予測できそうです。

そこで、ここでは「グループディスカッションの活性化を目標とした場合に、参加者がどのような点に留意し、どのような行動をとることが、それに寄与しうるか」という観点から、主として第一節、第二節で取り上げた研究に基づいて考えてみたいと思います。

まず、グループディスカッションによる選考が導入された経緯など概要を説明し、その後で、本題に入りたいと思います。

(1) グループディスカッションによる選考について

グループディスカッションが選考に利用されるようになった経緯、また、その独自性や活用上の課題については、三隅(1956b)が「集団討議による人物の評価法　集団討論法を中心として」という題名のもとで論じています。それによると、「集団討論検査法」、本書における「選考を目的としたグループディスカッション」は、ドイツ軍の将校選抜のために用いられていた「集団場面検査(Group Situation Test)」のひとつを、第二次世界大戦後にイギリスの人事委員会が一部の採用試験に取り入れたことが始まりのようです。日本においては、一九五一年以降、外交官・領事官の採用試験に用いられるようになり、その後、国家公務員採用試験、日本国有鉄道(旧国鉄)の入社試験など、さまざまな試験で使用されるようになり、導入後数年にして、急速に実用化が進んでいると述べられています。試みに、行政系の地方上級公務員試験におけるグループディスカッション(集団討論)の採用数を調べてみました。受験案内およびホームページで公表された情報をまとめた記事(受験ジャーナル編集部　2019)によると、令和元年度(一部は、平成三〇年度)においては、六八自治体中、三七の自治体で実施されていて、実施率は五割を超えていました。また、グループワークを実施している自治体は十三ありました。グループディスカッション(集団討論)かグループワークを取り入れている自治体は四九で、全体の七割を超えました。三隅(1956b)の考察が行われた時代から、グループディスカッションによる選考は、さらに広く一般化したといえそうです。

三隅(1956b)は、グループディスカッションを用いた選考は、ほかの方法と異なり、一個人が討議の進行の中でさまざまな役割をとることができ、その役割選択の中に個人の「自発性・積極性・指導性・協調性」があらわれてくるとしています。仕事の場面と近似性のある状況で、そうした参加者の個性を見極めることができるのが集団討論法の利点であると考察しています。現在、「選考としてのグループディスカッション」が多く行われているのは、それだけ多くの職場で「自発性・積極性・指導性・協調性」が求められているということなのかもしれません。

(2) どのように参加すると効果的なグループディスカッションになるか

①リーダーシップはとるべきか

筆者は、進学および就職試験におけるグループディスカッションに関して、「『司会者役』を買って出るとよい」という参加者向けの助言を聞いたことがあります。これは、司会者役であれば、自身があまり知識に自信がもてない話題であったとしても、進行をスムーズに行うことができれば、高評価を勝ち取れるであろうという推測に基づいたものだと考えています。しかし、はたしてこれは本当でしょうか。これは、おそらく、リーダーシップをどのようにとるべきかという問題とかかわっている気がします。

第二節(2)の「集団浅慮」では、促進的なリーダーシップは、グループディスカッションの質の低下を招くとされています。すなわち、ある方向の意見をもってリーダーシップを発揮すると、多くの人はそれに影響されて、同調するか、それに反対意見をもっている人は発言を控える可能性が高まります。結果的に、ディスカッションでは発言が少なく、盛り上がらないか、同調的な意見だけが発せられて、議論が浅いレベルでとどまるおそれが出てきます。また、誰かが、あまりに率先して、ディスカッションをリードすると、多くの人は、「努力の不要性」を感じ、「社会的手抜き」の状態におちいりやすくなります。そうすると、思考が深まらず、結果的に全体のディスカッションが低調になることが考えられるでしょう。

したがって、ここでいえることは、自身も積極的に議論に参加する姿勢をもって進行役を担うと、ディスカッション全体にとってはいい影響をもたらさない可能性があることです。また、いわゆるファシリテータ、進行役としてディスカッションに参加することでの問題は少ないと考えられますが、その役割は簡単なものとはいえません。第二節でも述べましたが、グループディスカッションにおけるリーダーシップの取り方には、ジレンマがあり、簡単ではないといえます。

②知識・経験がある話題への対応

選考におけるグループディスカッションでは、第四章で述べられているように、話題についての知識や経験について、参加者間であまり大きな開きが出ないことが望まれます。そうした知識や経験によって、有利不利が生じないようにするためです。しかし、実際には、そうした配慮をしたとしても、やはり、若干の知識や経験の差が生じることは避けられません。知識や経験を相対的に多くもっている参加者は、それを活かすことは悪いことではありません。しかし、それをあまりに前面に出すと、前述したことと同様に、ほかの参加者に「努力の不要性」の認知が生じ、社会的手抜きが生じたり、そうした意見に対する過度な同調傾向が生じたりして、結果的に全体のグループディスカッションの質は高まらない可能性があります。

評価をする側にとっては、ある参加者が知っていることをディスカッションの中で蕩々と披瀝し、ほかの参加者はひたすらそれを聞き、その発言に同調するだけという状態は、評価することが非常に困難になると考えられます。各参加者が、柔軟に応答し合い、考えを深めていくプロセスを観察しようとしているのに、表面的にはだれも考えを深めていっていないからです。

自分自身に知識や経験がある場合は、それを披瀝するよりも、ほかの人がそれについてどう考えるか、またそうした意見と自分の経験とをつなぎ合わせるとどんなことがいえるかといったことに注意を向けながら参加するほうが、ディスカッション全体にとってよい影響を及ぼし、ひいては、自身の評価にもプラスに影響することが多いように推測されます。

③発言量のバランスを考慮する

特定の参加者だけが、長広舌をふるって、自身の意見を主張している状況は、グループとしてのパフォーマンスに悪影響を及ぼすことが集団的知性の研究から示唆されます。この研究（Woolley et al., 2010）では、集団内での発言量の偏りの少なさが、集団としてのパフォーマンスのよさとかかわることが明らかになっています。したがって、選考という場で自己アピールをすることは重要なことですが、それが過ぎて、発言量の偏りを生じさせてしまうことは自身にとって有利には働かないと考えられます。

参加者全員が、安心して議論に加わることができるように配慮することができれば、グループディスカッションがうまくいきやすくなり、結果的にそれは自身の評価にも返ってくる可能性があります。

④葛藤をおそれない

グループディスカッションが深まると、相互の意見の隔たりが顕わになってきます。参加者間で葛藤が生じることもあり得るでしょう。しかし、第二節で述べたように、これまでの研究（たとえば、飛田2014）では、自分と異なる意見は有益であることや、意見の相違がより適切な解を得るための機会になるといった教示を参加者に与えて集団での問題解決を行うと、教示を与えられなかった条件に比して、パフォーマンスが優れたものになることが明らかにされています。したがって、各参加者は、グループディスカッション内での意見の相違および葛藤をおそれず、乗り越えることが、議論の活性化そして最終的には自分の評価ともかかわる可能性があることを理解しておくといいでしょう。

⑤うなずきを取り入れる

グループディスカッションは、人間同士のコミュニケーション活動ですので、基本的な対人コミュニケーション力を有していることが、有利に働くことは否めません。そうしたいわゆる「ソーシャルスキル」に関しては、優れた書籍が多くありますので、それらに譲りたいと思います。

ここでは、グループディスカッション状況に比較的近い、三者間の会話場面での非言語行動が印象形成に及ぼす機能を検討した研究（磯ほか 2003）にふれておきます。この研究によると、三人での会話場面における笑顔やうなずきは、参加者の会話満足度やその人に対する好印象に関連することがわかっています。討論場面では、参加者のうなずきの多さと、会話満足度、快印象の総和（健康的、まじめな、話がうまい、など）、感じのよさとが、プラスの関連を示しました。一方、笑顔が多いことは、討論場面では、会話満足感を低めるという結果でした。

この研究は、会話を観察している第三者の評定ではなく、会話をしている参加者相互の評定を扱っていますので、この結果をそのまま選考状況に適用することはできません。しかし、複数の人が参加する会話状況での印象形成に非言語コミュニケーション行動がどのように寄与するかを扱っており、選考における評価者の認知とも一定の関連性はある研究だと考えられます。

この結果からは、グループディスカッションにおいて、「うなずき」を示すことは、その参加者の評価にとって、少なくともマイナスにはならないことが示唆されているといえます。

⑥グループディスカッションへの慣れ

第一節（2）で取り上げた「社会的促進」の考え方に従うと、グループディスカッションを行うということに慣れがあったり、習熟していたりすると、その行動が優勢反応になり、評価者が存在するグループディスカッションでは、「社会的促進」が生じると考えられます。

選考状況では、課題について、事前に準備できないことが多いと考えられます。しかし、「グループディスカッション」という活動に慣れておくことは可能かもしれません。そうした形式に慣れるためのリハーサルを行っておくことは、緊張を強いられる参加者にとっては、力を発揮するための一助となることは間違いないでしょう。

第四節　『タテ社会の人間関係』とグループディスカッション

日本社会がほかの国の社会とは異なる個性をもっているのではないかということは、古くから論じられてきました。ルース・ベネディクトの『菊と刀』(Benedict, 1964　長谷川訳　1967)、一九七一年に初版が出版された土居健郎の『甘えの構造』（土居　2007)、社会心理学の領域では山岸俊男による『信頼の構造』（山岸　1998）なども日本の社会構造のプロフィールを描き出そうとしたものといえるでしょう。

そうした社会・文化的要因は、グループディスカッションにも影響を及ぼしていると考えられます。ここでは、そうした日本社会論のひとつとして、中根千枝による『タテ社会の人間関係』（中根　1967）を紹介します。そして、そこで論じられている日本社会の特徴とグループディスカッションとのかかわりについても少し検討してみます。

（1）タテ社会（注＊2）としての日本の社会

中根（1967）は、集団の構成原理として、「場」と「資格」を対置します。場とは、居住地とか、勤務先といった、まさに人々が集まっているある特定の場所のことで、日本ではこの場による集団構成が非常に優勢であるととらえます。一方、資格とは、性別、あるいは教員、会計士、営業職などの職業といった、何らかの人と人とを区別することができるカテゴリーのことで、たとえば、インドの伝統的なカースト社会は、こうした資格による集団構成が優勢な社会とされます。

場による集団構成の場合、内部の人間の能力、年齢、思想などは多様で、「その場に存在している」という点にしかメンバー間の共通性がありません。したがって、集団としての統合性には不安定さが内包されています。そこで、家族や会社組織といった「枠」が強調され、集団意識が高揚されます。そうした性質は、従業員同士が家族のように結びつくことを表現した、かつての「国鉄一家」のような言葉にも垣間見ることができます。場による集団構成が中心の社会では、同じような組織が異なる場で並列的に、そして孤立して構成されるとされています。

一方、資格による社会構成では、「資格」というカテゴリーが集団の核になり、社会はさまざまな資格をもった社会集団が層的に構成します。資格を元にした集団構成は、内部には同カテゴリーに属すという共通性が存在し、統合性は相対的に強くなります。その一方で、異なるカテゴリー同士は別の社会を形成し、社会全体では一種の階級差が生じます。

場によって構成された集団では、内部が結束するために資格や個人の能力の差を抑圧し、参加者を平等に扱うことがよいこととされます。しかしながら、資格によって構成された集団とちがって、孤立した枠の中でさまざまな機能を果たす必要がありますので、機能分化が必要です。そこで、発達した内部構造が

「序列」だと考えられます。ここでいう序列とは、非常に単純化すると、「先輩-後輩」関係で、その集団に参加したタイミングが早いか遅いか、どのくらい長くその集団に所属しているかによって決まります。能力差を小さく見積もる平等な構造の中では、人の立場や役割に区別をつけるには、先に入ったか、後に入ったかという基準しか使うことができないのです。これは、一部の体育会系クラブなどで先輩が非常に強い力をもつことなどに、実例を見ることができます。これを「タテ」の組織とよびます。一方、共通した一定の資格によって人の集まりが構成される場合、「ヨコ」の組織とよびます。そしてタテの組織が優勢な社会を「タテ社会」(図3-8左)、ヨコの組織が優勢な社会を「ヨコ社会」(図3-8右)とよぶことにします。

こうしたタテ社会においては、ピラミッドの頂点に親分がいて、その頂点から下方向に子分が連なりますが、底辺を形成するための

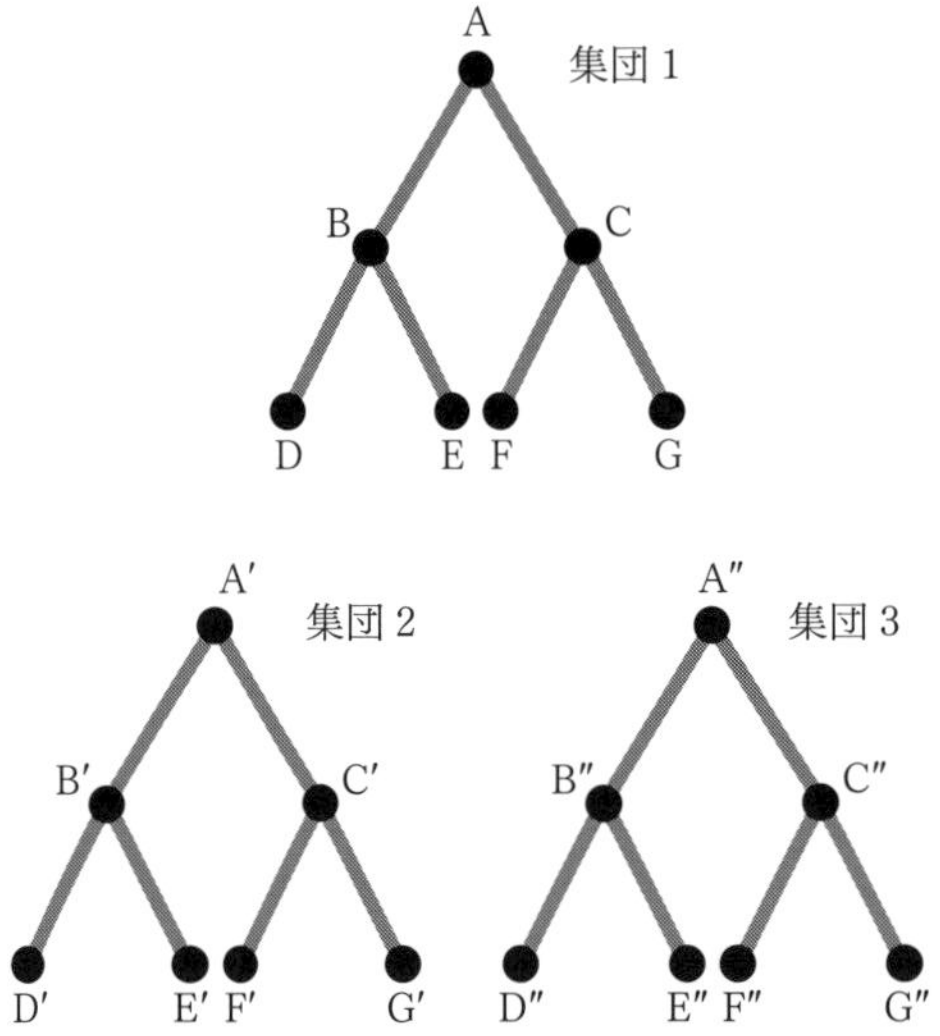

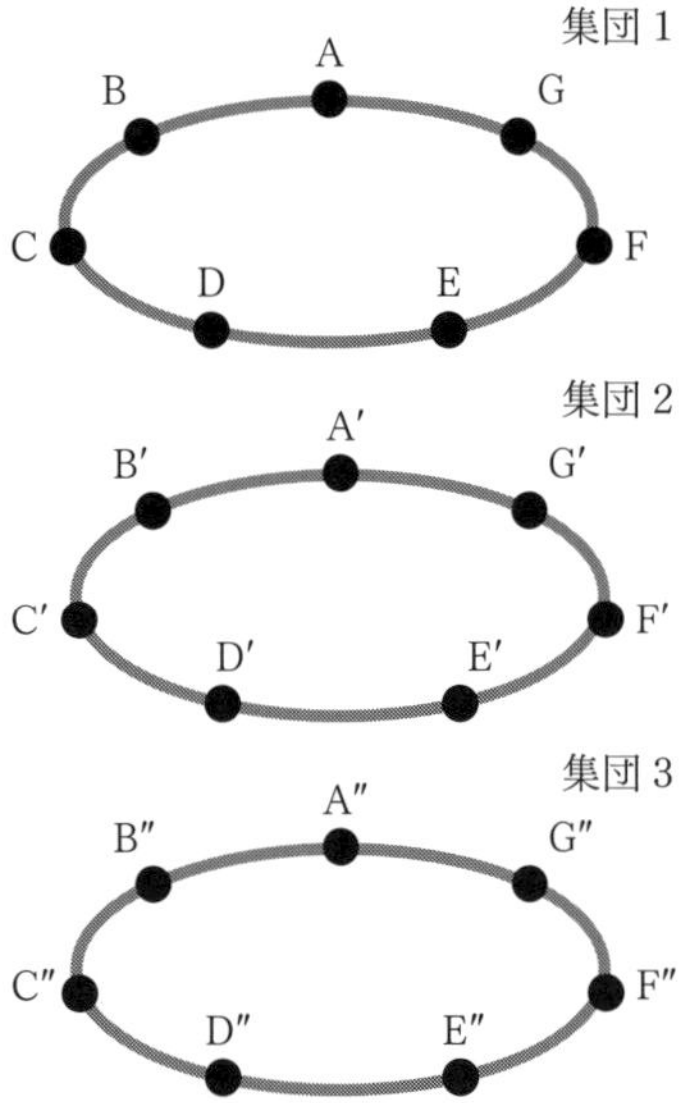

図 3-8 「タテ社会」(左)と「ヨコ社会」(右)の抽象化した構造図
(中根, 1967 をもとに独自に作成)

子分同士のヨコのつながりがない、底辺を欠いた三角形構造が多く形成されるといわれています。集団が構成される際に、ヨコ社会とちがって、ヨコのつながりは必要とされていないからでしょう。そして、そうしたタテの関係が何層にも連なって、組織全体が構成されているのが、タテ社会である日本の組織の特徴と考えられます（図3-8左）。

中根（1967）は、この考察の中で、日本においては、労働組合もタテ社会に組み込まれているので、本来重視されるべきヨコの連帯が弱く、経営者との交渉についても、社会全体での運動にはならず「お家の問題」に終わってしまうという考察を行っています。近年の「#MeToo」運動に関して、声を上げることで、仕事に影響が出ることを懸念していたそれぞれ別と思われる日本人女性の声が新聞記事（田村 2018; 森田 2018 図3-9）やTV番組（NHK 2018）で紹介されました。それぞれの枠の中での自身の立場が強く懸念されるところに、タテ社会の影響を見て取ることができます。

#MeToo日本で広がらない理由

ばれたら「終わる」

芸能界にはセクハラがあふれている——。そんなイメージを持っている人は多いのではないでしょうか。私もその一人。それだけに、米ハリウッドから広がった「#MeToo」を合言葉にした告発運動の波が、日本でも起きるのかどうか、注目していました。

ところが、一部の有名なブロガーらが告発したものの、日本の芸能界では今のところ目立った動きがありません。なぜなのか。本当にセクハラが横行しているのか。現役のグラビアアイドルが、匿名を条件に取材を受けてくれました。

「あまりにも当たり前すぎて、告発しようなんて考えもおよばなかった。それに、告発したら二度と仕事はなくなる」。女性はこう話します。取材を受けていること自体、事務所にばれたら「終わる」。記事化までに細心の注意を払いました。

取材場所は誰の目にもつかない場所を探し、聞いた話は具体性をどこまでもたせるか、どこまでなら身元特定につながらないか、女性に何度も確認をしました。グラビアという特性上、体の一部だけでも特定されてしまう恐れがあるといい、肌の露出がなく、外に着ていくこともない服を着ている時の写真を選びました。

記事を掲載すると、ネット上では「芸能界なんてそんなもの。知ってて入ったのでは？」との反応が多くありました。そこにこそ、問題の根深さがある気がします。誰もが何となく気づいているのに、問題にならない。中に入ると、声を上げられない。「そういうもんでしょ？」という私たちの視線も、告発を難しくしている一因ではないでしょうか。あらためて自分の視線を問い直す必要性も感じた取材でした。　（経済部・森田岳穂）

匿名を条件に芸能界で横行するセクハラについて明かした女性＝東京都内

図 3-9　日本の芸能界における「#MeToo」の広がりの乏しさに関する記事

（森田，2018：朝日新聞 2018 年 4 月 7 日夕刊 3 頁 東京本社；朝日新聞デジタル〔WEB〕20180407#MeToo 日本で広がらない理由）

（2）タテ社会とグループディスカッション

中根（1967）のいうように、日本がタテ社会なのだとすると、その特徴はグループディスカッションにどのような影響を及ぼすでしょうか。

第一に、社内の会議などの枠の内側でのグループディスカッションでは、タテの序列が強く意識されるので、平等で対等なコミュニケーションを進めようとしても、意図通りに進みにくいことがあると考えられます。年齢あるいは学年といった序列にかかわる要素に差が存在すると、それに敏感に反応することが価値づけられているようにも感じられます。中根（1967）には、こうした様子について、次のような記述があります。

> 日本では、これ（筆者註　年長者や身分が上の人に対して堂々と反論すること）は口答えとして慎まなければならないし、序列を乱すものとして排斥されている。日本では、表面的な行動ばかりでなく、思考・意見の発表までにも序列意識が強く支配しているのである（中根　1967, p.86）。

第二に、裁判員裁判のような枠を離れたグループディスカッションにおいては、コミュニケーションに難しさが生じます。タテ社会においては、枠の内部でのコミュニケーション機会が多い一方で、枠の外の人と話をすることが少なく、社交性が育たないといわれています（中根　1967）。

第三に、リーダーシップの弱さがあります。タテの組織のリーダーは、自分の直接の部下としか強くはつながっておらず、その部下の部下たちとのつながりは弱いとされています。直接の部下たちの声は、その部下の部下たちの声を代表したものなので、一人の声以上のインパクトをもっており、しばしば、リーダーは、複数の直接の部下の意見の調整役を引き受けなければならなくなるとされています。加えて、タテの組織においては、リーダーと直接の部下との関係はエモーショナルな特徴を強くもっており、よりいっそう、リーダーの意思決定の自由度を低くすると考えられます。結果として、リーダーは議論を通じて公正に検討するよりも、それぞれの部下の顔を立てて、妥協案を探ることが多くなりそうです。

ここにあげたものは、いずれも、「社会的手抜き」「コミュニケーションの難しさ」「集団浅慮」といったこれまでに説明してきたグループディスカッションを難しくする要因や現象とかかわっています。したがって、その影響の程度や実際の様態は明らかではありませんが、こうした日本社会の特徴は、そこでのグループディスカッションのあり方と一定の関連性をもつように考えられます（注＊3）。

なお、中根（1967）の考察には、議論の運びに印象論が多く裏づけが乏しい、タテ社会の概念が曖昧であるなどの指摘もあります（橋爪　2018）。確かにそうした面はあるものの、筆者は、中根（1967）の「タテ社会」という視点によって、私たちの社会の一面、そしてそこでのグループディスカッションの特徴がより明確に見えてくるのではないかと考えています。

注

＊1　アビリーンのパラドックス（Abilene paradox）とは、経営学者ジェリー・B・ハーヴェイ（Jerry B. Harvey）が一九八八年の著書『アビリーンのパラドックスと経営に関する省察』（Harvey, 1988）で提示したパラドックスです。パラドックスは次のような例話によって示されています。

ある暑い夏の日に、家族の一人がアビリーンに行って、そこで夕食をとろうと提案します。アビリーンは、約八五キロも離れており、砂埃と暑さの中、エアコンのない車でいかなければなりませんが、誰もそれに反対せず、むしろ賛意だけが示されました。家族はアビリーンに旅行しますが、道中の不快さだけでなく、アビリーンで食べた食事も不満足なもので、楽しい思いはしませんでした。帰宅後に家族で話し合うと、本当は誰もアビリーンに行きたくなかったことが明らかになりました。皆がアビリーンに行くことに反対だったにもかかわらず、それぞれのメンバーは、反対意見が述べられないことで他のメンバーは行きたがっていると勘違いし、合意が成立してしまったのでした。

ハーヴェイは、このようなパラドックスを提示したうえで、組織が健全に機能することに、合意のマネジメントが重要な役割を担うのではないかと問題提起しています。

＊2　中根（2019）にあるように、中根（1967）の本文に、「タテ社会」という言葉は登場していません。編集担当者が書名として考案し、それが一種の「俗語」として知名度を得たという経緯があるのだそうです。本項では、そうした経緯を理解したうえで、伝えやすさを優先して、「タテ社会」「ヨコ社会」という言葉を使うことにしました。

＊3　中根（1967）が、タテの組織には、リーダーから末端成員までの伝達が迅速であること、動員力に富んでいることなどの優れた点があることを論じていることは付記しておきます。

引用文献

Allport, F. H.（1920）. The influence of the group upon association and thought. *Journal of Experimental Psychology, 3*（3）, 159–182.

有馬淑子（2016）．集合知予備実験結果報告　人間文化研究——京都学園大学人間文化学会紀要　36, 1–17.

Asch, S. E.（1951）. Effects of group pressure upon the modification and distortion of judgment. In H. Guetzkow（Ed.）, *Groups, leadership and men.* Pittsburgh, PA: Carnegie Press.

Benedict, R.（1946）. *The chrysanthemum and the sword.* Boston: Houghton Mifflin Co. 長谷川松治（訳）（1967）．定訳　菊と刀　日本文化の型〈全〉　社会思想社

Chen, S.（1937）. Social modification of the activity of ants in nest-building. *Physiological Zoology, 10,* 420–436.

土居健郎（2007）．「甘え」の構造［増補普及版］　弘文堂

Esser, J. K.（1998）. Alive and well after 25 years: A review of groupthink research. *Organizational Behavior and Human Decision Processes, 73,* 116–141.

藤井　聡・竹村和久・吉川肇子（2002）．「決め方」と合意形成　社会的ジレンマにおける利己的動機の抑制にむけて　土木学会論文集　709, 13–26.

Harvey, J. B.（1988）. *The Abilene paradox and other meditations on management.* Lexington Books: New York.

長谷川直樹・鈴木博志（2010）．公共施設整備における市民参加の効果と課題についての考察 郡上市白鳥中央地区の事例 日本建築学会計画系論文集 *648*, 419-425.
橋爪大三郎（2018）．「タテ社会の人間関係」（講談社）ALL REVIEWS 二〇一八年三月二十二日〈https://allreviews.jp/review/2073〉（二〇一九年九月三日）
Hunt, P. J. & Hillery, J. M.（1973）. Social facilitation in a coaction setting: An examination of the effects over learning trials. *Journal of Experimental Social Psychology, 9*, 563-571.
飛田 操（2014）．成員の間の等質性・異質性と集団による問題解決パフォーマンス 実験社会心理学研究 *54*, 55-67.
飛田 操（2017）．菓子が集団による創造的パフォーマンスに及ぼす効果 福島大学人間発達文化学類論集 *25*, 39-48.
磯友輝子・木村昌紀・桜木亜季子・大坊郁夫（2003）．発話中のうなずきが印象形成に及ぼす影響 3者間会話場面における非言語行動の果たす役割 電子情報通信学会技術研究報告 HCS、ヒューマンコミュニケーション基礎 103, 31-36.
Janis, I. L.（1971）. Groupthink. *Psychology Today, 5*, 43-46.
Janis, I. L.（1982）. *Groupthink: Psychological studies of policy decisions and fiascoes*. Boston: Wadworth, Cengage Learning.
受験ジャーナル編集部（2019）．受験ジャーナル特別企画1 公務員試験 学習スタートブック 2年度試験対応 実務教育出版
釘原直樹（2013）．人はなぜ集団になると怠けるのか 「社会的手抜き」の心理学 中央公論新社
Latané, B., Williams, K. & Harkins, S.（1979）. Many hands make light the work: The causes and consequences of social loafing. *Journal of Personality and Social Psychology, 37*, 822-832.
Lewin, K.（1947）. Group decision and social change. *Readings in Social Psychology, 3*, 330-344.
松村暢彦・谷村和則（2005）．集団決定法による環境配慮への態度・交通行動変容効果の実証的研究 土木計画学

研究・論文集　*22*, 507-516.

McCauley, C. (1989). The nature of social influence in groupthink: Compliance and internalization. *Journal of Personality and Social Psychology, 57*, 250-260.

三隅二不二（1956a）．集団決定に関する実験的研究　中学校のホームルームに於ける生活指導方法の研究　九州大学教育学部紀要　4, 17-26.

三隅二不二（1956b）．集団討議による人物の評価法——集団討論法を中心として　教育と医学　*4*（2), 43-49.

三隅二不二・原岡一馬（1958）．集団決定に関する実験的研究Ⅱ　九州大学教育学部紀要　5, 61-81.

三隅二不二・原岡一馬（1960）．集団決定に関する実験的研究Ⅲ　教育・社会心理学研究　*1*, 136-153.

三隅二不二・篠原弘章（1967）．バス運転手の事故防止に関する集団決定の効果　教育・社会心理学研究　*6*, 125-133.

森田岳穂（2018）．#MeToo 日本で広がらない理由　ばれたら「終わる」　ココハツ　朝日新聞　二〇一八年四月七日夕刊

村山　綾・今里　詩・三浦麻子（2012）．評議における法専門家の意見が非専門家の判断に及ぼす影響——判断の変化および確信度に注目して（〈サブ特集〉裁判員制度の見直しに向けて——法と心理学の視点から）法と心理 *12*, 35-44.

中根千枝（1967）．タテ社会の人間関係——単一社会の理論　講談社

中根千枝（2019）．タテ社会と現代日本　講談社

Neck, C. P., & Moorhead, G. (1992). Jury deliberations in the trial of U.S. v. John DeLorean: A case analysis of groupthink avoidance and an enhanced framework. *Human Relations, 45*, 1077-1091.

ＮＨＫ（2018）．#MeToo　広がる世界　でも日本は…　クローズアップ現代　二〇一八年一月二十二日〈https://www.nhk.or.jp/gendai/articles/4088/index.html〉（二〇一九年九月四日）

シドニー・ルメット（監督）（1957）．十二人の怒れる男　ユナイテッド・アーティスツ

榊巻　亮（2018）．世界で一番やさしい会議の教科書　実践編　日経ＢＰ社

最高裁判所（2006）．よくわかる！　裁判員制度Q＆A　二〇一八年九月〈https://www.saibanin.courts.go.jp/news/qanda.html〉（二〇一九年九月四日）
佐々木薫（2000）．集団決定法の効果に関する現場実験　献血行動への適用　関西学院大学社会学部紀要　85, 101-108.
柴田　直（2014）．合意形成プロセスの主観的満足度に関する研究　大学院研究年報　理工学研究科編　44.
隅　俊之（2019）．世界のまちかどで　ここに注目　259　アメリカ　毎日小学生新聞　二〇一九年九月十四日
Surowiecki, J.（2004）. *The wisdom of crowds*. New York: Doubleday. 小高尚子（訳）（2009）．「みんなの意見」は案外正しい　ＫＡＤＯＫＡＷＡ
田村彰子（2018）．特集ワイド　#MeTooが広がらない　毎日新聞　二〇一八年四月十二日夕刊
Travis, L. E.（1925）. The effect of a small audience upon eye-hand coordination. *Journal of Abnormal Social Psychology, 20,* 142-146.
卜部敬康（1995）．集団決定法の導入による私語の抑制　日本教育心理学会第37回総会発表論文集　567.
Woolley, A. W., Chabris, C. F., Pentland, A., Hashmi, N. & Malone, T. W.（2010）. Evidence for a collective intelligence factor in the performance of human groups. *Science, 330,* 686-688.
山岸俊男（1998）．信頼の構造　こころと社会の進化ゲーム　東京大学出版会
Zajonc, R. B.（1965）. Social facilitation. *Science, 149*（3681）, 269-274.

第四章

グループディスカッションの実践における留意点と工夫

西口利文

はじめに――グループディスカッションの光と影

グループディスカッションにもあてはまることですが、私たちは他者と一緒に仕事や学習を行う際、お互いの存在そのものやそこでのコミュニケーションから、さまざまな影響を及ぼし合っています。そしてその影響のあり方は、私たちにとって、いわば光と影の面があります。このような光と影については、一方では「三人寄れば文殊の知恵」、他方では「船頭多くして船山に上る」といったことわざで表現されます（第三章参照）。

こうした二面性は、心理学の概念からも説明できます。たとえば、「社会的促進」と「社会的抑制」という対照的な概念があります。「社会的促進」（第三章参照）については、近くに他者がいたり、同じ課題を行う競争相手がいたりするほうが、遂行量が増える、という現象です。これに対して「社会的抑制」は、近くに他者がいたり同じ課題を行う競争相手がいたりするほうが、遂行量が低下する、という現象です。

つまり、私たちは、グループディスカッションを通じて、ポジティブな成果を享受する場合もあれば、ネガティブな成果を受け入れざるを得ない場合もあります。とくに、影の面である「船頭多くして船山に上る」や「社会的抑制」に留意すれば、何らかの目的のもとにグループディスカッションを行ったとしても、目的にかなった恩恵を得られないこともあるのです。なかでも、安易な人集めによって行われるグループディスカッションでは、恩恵を得るどころではありません。むしろ、そこでの関係者は、目の前の混沌とした状況に、ただ呆然とすることもあるかもしれません。

それでは、いかにすればグループディスカッションを、実り多い活動にすることができるのでしょうか。このことについて論じるにあたり、「参加者」と「企画者」という二つの異なる立場をふまえて、グループディスカッションへの向き合い方を考えてみたいと思います。

参加者とは、まさにグループディスカッションを行う当事者をさします。参加者がどのような意識や態度でグループディスカッションにかかわるかは、その結末にそのまま影響してきます。まさにグループディスカッションという活動の成果を直接的に左右する人たちです。

グループディスカッションの成果を間接的に左右しうる重要な立場の人が企画者です。企画者とは、グループディスカッションという活動を何らかの目的により計画する人物のことです。企画者が、そのグループディスカッションを行う参加者の意識や態度などを理解しているかどうかは、その結末に影響を与えます。なお、企画者自身がリーダー（議長）やコーディネータとして、あるいは参加者の一人としてグループディスカッションに加わることもありえます。もっとも、日常の中で自然発生的に生じたインフォーマルディスカッションでは、役割としての企画者を明確に規定することが難しい場合もあります。ここでは、組織上の役割などの形式にはとらわれず、任意のグループディスカッションという活動について、何らかの目的のもとで計画する意図を少しでももった人物のことを、企画者とよびます。

本章では、企画者と参加者という立場をふまえ、実際に実りあるグループディスカッションができるための企画や実践の留意点をまとめます。分析の視点として、「価値」「責任」「知識・技能」をキーワードに、グループディスカッションがうまくいく条件を考えます。

第一節　グループディスカッションに対する価値

グループディスカッションがうまくいくための最も基本的なキーワードは「価値」です。これは、参加者の一人ひとりが、その一連の活動に対して何らかの「価値がある」とみなしていることを表したものです。たとえばグループディスカッションそのものに「価値がある」とみなす参加者は、「グループディスカッションはおもしろい」「グループディスカッションは大切だ」「グループディスカッションは役に立つ」などと、グループディスカッションへの強い興味・関心、重要性、有用性を内面に抱いています。結果として、グループディスカッションへの動機づけが維持できたり、さらには向上したりします。

そのうえで、グループディスカッションの企画者は、参加者がその企画や活動に対して「価値がある」とみなすとはかぎらない、ということも念頭に置かねばなりません。もしも「価値がある」と参加者がみなしていないとすれば、「社会的手抜き」が、彼らに生じるかもしれません。それゆえ、グループディスカッションの企画者は、その場が有意義な機会となるためにも、参加者の一人ひとりが、企画および実施されるグループディスカッションに関連したどのような価値を見出しているかをできるかぎり意識しておくことが望ましいといえそうです。グループディスカッションに対して、参加者が価値を感じるポイントはいくつかあるのですが、ここでは四点に集約して示します。

（1）問題解決や目標達成などの目的に関する価値

グループディスカッションは、第一章で定義したとおり「集団の中で共有された問題解決や目標達成を目的」としたコミュニケーションです。グループディスカッションの参加者が、その目的である問題解決や目標達成を大切なことと認識していれば、必然的にそこでの話しあいに価値を見出しているでしょう。

たとえば、あるメーカー企業が、新商品についての企画会議を実施するとします。会議の参加者である社員たちが、そこで提案された試作品について検討するグループディスカッションに対して、自社の収益に関する問題解決や目標達成に結びついた価値ある場だとみなすならば、前向きな話しあいが期待できます。

なお、話しあいで得られた結論は、くじ引きや多数決を通じた結論に比べて満足感が高くなります（第三章参照）。問題解決や目標達成をめざしたグループディスカッションを通じて満足感を高める経験をすると、参加者は次なるグループディスカッションに対して、いっそうの価値を見出すでしょう。

（2）グループディスカッションという活動自体あるいは扱う話題への興味に関する価値

参加者がグループディスカッションをすること自体への興味や、グループディスカッションで扱っている話題への興味によって、個人的に「価値がある」とみなすということもあり得ます。たとえば、そもそも「議論好き」な人は、グループディスカッションという活動に対しておもしろさを感じて、活動への高い価値づけをしているかもしれません。また、扱われる話題が、参加者にとっての趣味の領域にかかわるものであれば、そうでない課題であるよりも、高い価値づけをするでしょう。

なお、グループディスカッションという活動自体を、参加者がどの程度価値づけるかは、社会・文化的要因によって左右されることにも留意したいところです。たとえば、民主的な雰囲気が浸透している社会や組織に身を置く参加者であれば、そうでない参加者よりも、グループディスカッションへの価値づけは高いでしょう。他方、ある会社などでのグループディスカッションを通じた結論が、その後の上司の判断によって覆されることが常態化しているような、いわば専制的な組織では、グループディスカッションの参加者である社員が、「ここで真剣に話し合ったところで、結局は自分たちの意見が反映されないだろう……」などと思い、活動への価値を低く感じるかもしれません。

（3）個人としての成長につながることに関する価値

グループディスカッションの活動にかかわることは、個々の参加者にとって、自己の成長につながるさまざまな能力を磨くことにもなります。たとえば、グループディスカッションにかかわるメンバーの知識やものの考え方にふれることで、参加者たちは、自らの問題解決能力を高めることにつながるでしょう。あるいは、グループディスカッションへのかかわりを通じて、他者に対して自分の言いたいことを上手に論理的に伝えるといった、表現力を育むことも期待できます。自己の成長に関連したこうした可能性をグループディスカッションに見出す参加者ほど、その活動に一定の価値を見出せるでしょう。

なお、Judson & Judson (1937) は、グループディスカッションの参加者が個人として受けるとされる複数の恩恵について述べています（表4-1）。

（4）社会や他者からの肯定的な評価を得ることに関する価値

人間には、社会や他者から認められたい、という承認欲求があります。とくに、グループディスカッションでのコミュニケーション能力に自信があり、他者からの肯定的評価を得たいと思うのであれば、自らの承認欲求を満たせることから、グループディスカッションに価値を見出すこともあるでしょう。

選考を目的としたグループディスカッションでは、一人ひとりの参加者は、そもそも自分こそがその選考基準に達する、あるいはほかの参加者よりも優れている、という評価を企画者から得たいために、その会場に集まっています。この場に参加している人は、このグループディスカッションには価値があると認識しているでしょう。そう思うからこそ、すべての参加者の動機づけは高いといえるでしょう。

ただ、選考の場におけるこうしたグループディスカッションでの様子は、特別な状況下のいわば一過性の現象であるという可能性も否定できません。とくに、参加者のグループディスカッションでの様子から選考を行おうとする企画者は、こうした一過性の可能性について頭の片隅に入れておく必要があります。

表 4-1　グループディスカッションの参加者が受けると考えられる恩恵
(Judson & Judson, 1937 をもとに作成)

項目	概要
幅広い経験および情報を獲得する	パネルディスカッション、シンポジウム、フォーラムであれば、グループディスカッションで扱う議題に関する重要な情報を、パネリスト、シンポジスト等から効率的に獲得することができる。
目的をもって話を聞く姿勢を学ぶ	議題に関する自分の立場に基づいて、それを支持するあるいは支持しない考え方に注目することを目的として、他者の話に耳を傾けることへとつながる。
論理的思考力を高める	議論の中に含まれる、重みのない、浅薄で、非論理的で、誤解を招くような意見に巻き込まれることを避けつつ、自分の論理的な思考プロセスを強化する力をつける。
他者が考えていることを理解できるようになる	他者の言葉に耳を傾けることを通じて、他者たちが生活している世の中の姿を把握できるようになる。
上手な講演者として自己を高め、リーダーシップの能力を強化し、冷静さと自信に関する自らの水準を引き上げる	グループディスカッションの実践を積み重ねることによって、説得力があり、そして周囲を感動させるような話をするコツを得ることができる。そしてよりよい聞き手や話し手になるにつれて、リーダーとして自らを高めることになる。グループディスカッションでの成功経験は、より大きな成功経験へとつながっていく。
新たな人間関係と友情を形成する	議論を通じて同意や異議を唱えるかかわりを通じて、もっとも自然なかたちの相互に助け合える人間関係が生まれる。
「安全弁」が得られる	個人が孤立してしまう可能性がある場合、リーダー（議長）はその場をうまく扱わなければならない。ただ、その個人が、いわば社会的な常識の範囲内で、心の重荷となっているものを吐露しているのであれば、その個人は大きな恩恵を得ているとみなすことができる。

第二節　グループディスカッションに対する企画者ならびに参加者における責任

二つめのキーワードは「責任」です。本書では、グループディスカッションを「集団の中で共有された問題解決や目標達成を目的とした、思考に支えられた相互的なコミュニケーション」と定義しました（第一章参照）。企画者と参加者は、この定義に含まれるコミュニケーションの三つの要素、すなわち「集団による相互的なコミュニケーション」「共有された問題解決や目標達成を目的としたコミュニケーション」「思考に支えられたコミュニケーション」に関して、一定の責任を負うことが求められるでしょう。ときには、前節でふれたような「価値」を参加者の全員が見出せるとはかぎりません。こうした場であるほど「責任」に注目する意義は大きくなります。

（1）集団による相互的なコミュニケーションへの責任

グループディスカッションが有意義なものになるには、参加者の一人ひとりが、お互いに積極的なコミュニケーションを行うことが不可欠です。しかし、コミュニケーションに苦手意識があるとか無関心である人は、話しあいに加わることに消極的あるいは非活動的であったりします。

こうしたことは、学校教育で、児童生徒にグループディスカッションをさせる授業でもみられることがあります。とくに児童生徒がそのテーマでの話しあいに価値を見出せていなかったり、話しあい自体に慣れていなかったりするようなときです。教師は、すべての児童生徒たちに対して、積極的なコミュニケーションを行うためのしかけを工夫する責任を負っています。児童生徒もそこにかかわる責任をもつことになります。児童生徒に対して責任をもたせるための教師による具体的なしかけとしては、一人ひとりに、司会者、記録者、報告者などといった役割を与えたり、一人ひとりが時計回りに自分の意見を述べて、そのあとさらに時計回りで他者の意見に対する考えや感想を伝えるルールを設けたりする、などです。

しかし、どんな場合にも参加者に役割やルールを課して責任をもたせる必要はありません。グループディスカッションへの価値が高まっている場合には、役割やルールに関するしかけは、必要としないでしょう。むしろこうしたしかけは、児童生徒たちの話しあいに過度な制約を課すことになり、彼らが話しあいの技術や自律性を高めていく機会を奪いかねません。教師には、児童生徒がグループディスカッションの活動をどの程度価値があると感じているか、あるいは活動をうまく行う技術をもっているかなどを判断しながら、役割やルールを設定して責任を付与すべきかどうかのコーディネートが求められます。

なお、就職試験などのような選抜試験の場合には、参加者は、当然、自分をよりよく評価してもらうために、強い動機づけでその場に臨みます。このようなときには、コミュニケーションへの責任が欠如しているという姿は見られないでしょう。コミュニケーションに積極的に参加しないといった責任の欠如を感じさせる態度があれば、真っ先に選抜からふるい落とされてしまうからです。

(2) 共有された問題解決や目標達成を目的としたコミュニケーションへの責任

グループディスカッションでは、一人ひとりの参加者が問題解決や目標達成などの目的についてはっきりと把握し、それを全員で共有していることが重要です。そのため、まずグループディスカッションの企画者には共有すべき目的をあらかじめ参加者に明確に伝えるという責任があります。

そのうえで、参加者にはその目的をはっきり理解するという責任が生じます。もしも参加者が、解決あるいは達成すべき問題や目標について十分に理解していなければ、グループディスカッションがうまく機能しないことになり得るのです。

加えて、企画者はとくに留意しておきたいところですが、仮に参加者が目的を理解し共有していたとしても、その目的に対して意図的に「責任を負わない」こともあり得ます。これは、参加者に「個人的な目的」を優先させたいという動機が現れるときにみられます。メーカー企業における試作品を扱った企画会議の例です。会社にとっては、予算的な制約があるため、一つの試作品に絞りこんだうえで、それをもとに最終的な製品を開発することが「共有された目標達成」であるとします。二つの最終候補があると仮定し、「試作品X」は企画会議への参加者であるAさんのアイデアの企画、「試作品Y」は別の参加者であるBさんのアイデアの企画であるとします。Aさんとしては「試作品X」、Bさんとしては「試作品Y」を最終的な製品の候補として残したいという「個人的な目的」を、強く心に秘めていることは十分にあり得るでしょう。この場合、お互いが「個人的な目的」に固執してしまうと、AさんとBさんによるグループディスカッションの場での発言は、「集団で共有すべき目的」から逸脱して、それぞれの試作品に対する長所をいたずらに強調して短所をできるだけ隠す、そして他方の試作品に対する長所を過小評価して短所を誇張する、などといったコミュニケーションが展開されてしまうことにもなってきます。いわば、ディベートに近いやりとりの生じる可能性があります。

(3) 思考に支えられたコミュニケーションへの責任

グループディスカッションの最大の恩恵は、参加者たちが「三人寄れば文殊の知恵」に相当する成果を導くことです。こうした成果を導くためには、一人ひとりの参加者が、経験や知識、これらに支えられた思考を行い、コミュニケーションを通じて互いに共有し、さらに集団による思考によって深めていくという責任を果たすことが求められます。

この過程のイメージをつかむために、再び試作品に関する会議の例に立ち返ってみます。「試作品X」

と「試作品Y」は、それぞれがグループディスカッションの参加者であるAさんとBさんのアイデアに支えられたものです。その意味では、「試作品X」はAさんの経験や知識に支えられた思考の産物であり、同様に「試作品Y」はBさんのさまざまな経験、知識に支えられた思考の産物です。そしてほかの参加者は、こうした「たたき台」があることによって、何をどのように検討すべきであるかを明確に方向づけられたかたちで、合理的に思考をめぐらせることになるでしょう。すなわち、たたき台である「試作品X」と「試作品Y」のそれぞれの長所や短所について、適切に検討することへとつながるのです。場合によっては、それぞれの長所を生かしたり短所を改善したりするという新たなアイデアが創出され、提案されることが期待できます。すなわち、「試作品X改訂版」や「試作品Y改訂版」、あるいは両試作品の長所を組み合わせた「試作品Z」が新たに提案されることもあるでしょう。

この例からは、私たちが思考を深めるコミュニケーションを行うにあたって、二つの責任を果たすことの重要性が見えてきます。一つめは、集団で共有された目的をふまえて、参加者一人ひとりがまずは思考するということへの責任です。この思考は、個人思考ともいわれます。グループディスカッションに先立つ個人思考が、すべての参加者にあらかじめ行われていれば、グループディスカッションの機会は、お互いにより多くの思考にふれることへとつながり、参加者たちはさらなる発展的な思考をめぐらせるきっかけを得ることになるのです。

二つめは、各参加者によって提示された個人思考の成果をきちんと理解したうえで、集団で共有した目的に向かって分析したり、評価したり、創造したりするといった集団による思考への責任です。こうした思考は、個人思考に対して、集団的思考とよばれます。なお、ここでいう集団的思考とは、集団で一つの課題に基づいて思考をするという活動そのものをさしています。なお、第三章および本章の後のほうでも取り上げる「集団浅慮（groupthink　集団思考と訳されることもある）」は、この概念と同義ではないことを補足しておきます。

さて、思考についての二つの責任とは、もちろん参加者が負うものです。しかし、グループディスカッションの企画者にも、グループディスカッションの企画趣旨を認識しつつ、間接的に参加者の思考に対する責任に向き合うことが望まれます。

たとえば、ある町内会で、「地元地域における防犯対策の具体案を導くこと」を趣旨とした集会を、町内会長が二時間の予定で企画し、そのなかでグループディスカッションを行うとします。企画者である町内会長は、企画趣旨をあらかじめ参加者全員に連絡して共有しておくことにより、一人ひとりの参加者は、事前に自分の考えをめぐらせることができるでしょう。そうすれば、会合当日にはそれぞれの参加者たちが考えてきた「たたき台」をもとに考えを深め合うという、有意義な二時間となることでしょう。

また、とくに教師が児童生徒にグループディスカッションを行う機会を用意した授業では、グループディスカッションを通じて児童生徒が、個人思考と集団的思考への二つの責任をもとうとする課題設定をすることは、企画者である教師の重要な役割であるといえます。仮に、参加者であるほとんどの児童生徒が、「こんなことは、自分ひとりで考えたほうが早い！」といった課題を設定してしまうとどうなるでしょう。彼らはその課題への個人思考に対する責任は果たすかもしれませんが、グループディスカッションの醍醐味でもある集団的思考に対しては責任を果たすことへとつながりません。学校教育のような場で、教師がグループディスカッションの課題を設定するときのポイントについて三点あげます。それは、参加者である児童生徒が個人思考をするだけでは、⑴多様な見解や提案の余地がありすぎて考え尽くせない、⑵難易度がやや高い、⑶物理的あるいは時間的に余裕がない（たとえば参考資料が多すぎて一人では処理しきれないなど）、といった性質をもつような課題設定です。すなわち、グループディスカッションの課題設定をどうするかは、企画者である教師の腕の見せ所といってもよいでしょう。

第三節　グループディスカッションの活動に関連する知識・技能

問題解決や目標達成という目的で、グループディスカッションが最大限の力を発揮できる条件として、三つめのキーワードの「知識・技能」があります。一人ひとりの参加者がもっている知識および技能は、重要な知的資源となり、その産物として「文殊の知恵」が得られます。グループディスカッションにかかわる参加者における、知識と技能のそれぞれについてみてみましょう。

まず、参加者の知識については、大きく二つに分けてとらえられます。一つめは、グループディスカッションで話し合われる課題や問題というテーマに直接的に結びついた知識です。こうした知識は宣言的知識ともよばれ、事実や概念に関する知識をさします。グループディスカッションにおいては、「試作品X」や「試作品Y」といった特定の事物の知識や、「試作品Xは試作品Yに比べて、開発には新たな設備投資が必要である」「本年度の予算があれば試作品Xの改良版をつくることが可能だろう」などの、さまざまな知識から導かれる主張や仮説などの知識が該当します。二つめは、グループディスカッションを円滑に進行するうえで必要な知識です。たとえば、自分の意見を表出するタイミング、他者の意見の聞き取り、言い換え、要約などをするのに必要なノウハウ、といったものです。こうした知識は手続き的知識とよばれ、出来事やものごとの操作や手順についての知識をさします。

次に参加者の技能についてみてみましょう。これは、先述の宣言的知識や手続き的知識を活用しつつ、グループディスカッションをうまく行うための身体活動をさします。具体的には、場の流れに相応しい発話や応答、やりとりの際に表出される表情やしぐさなど、集団での問題解決や目標達成に向けたコミュニケーションの具体的な表現が該当します。もちろん、グループディスカッションの技能として参加者が表出する身体活動には、あくまでも適切さが重視されます。少なくとも、派手な言動で単に目立つということには何の意味もないということです。なお、リーダーの役割を担うことになった参加者においては、グループディスカッションにかかる技能の質が、周囲からひときわ期待されているといってよいでしょう。

参加者の「知識・技能」に関連することでは、さらに重要な指摘すべきことがあります。それは、日頃から、幅広い経験を積み、それを自らの知識にしていくということの心がけをもち、また他者との話しあいのあり方を学ぶ姿勢をもつことが、良質で有意義なグループディスカッションを支える宣言的知識や手続き的知識の獲得へとつながるということです。そのうえで、もしも実際にグループディスカッションに参加することが予定された場合には、そこで扱われる問題などについて、図書や新聞、雑誌、インターネットなどで情報を収集しておき、そのうえで、そうした情報をふまえながら、あらかじめ自分の考えを整理しておくことが望まれます。

さらに、グループディスカッションに参加した後の姿勢も重要です。グループディスカッションでの自らの実践を振り返るということです。とくに、こうした振り返りは、グループディスカッションにかかる知識を整理し、またこれにともなった技能を高めるという機能をもっています。結果として、まったく別のグループディスカッションの機会において、より生産性の高い参加者として、そこにかかわっていくことへとつながっていくのです。

次に、グループディスカッションの企画者における、「知識・技能」に関する留意点を記しましょう。まず留意すべきことは、グループディスカッションの企画時点から、参加者の候補となる人物の知識および技能をふまえておく必要があるということです。たとえば、パネルディスカッションやフォーラムなど、聴衆との交流を含むグループディスカッションを企画するのであれば、必然的に、パネリストや講演者にはそのテーマに適切な人を選ぶ必要があります。多様な意見が現れることが予想されるテーマに対して、特定の意見に偏ったパネリストたちを集めてしまったり、テーマの専門性とかけ離れた講演者を選定したりすることは望ましくありません。また、グループディスカッションを行うための技能に慣れないと思われる参加者が多い集団で、ラウンドテーブルをはじめとしたインフォーマルディスカッションを企画する場合は、話しあいを円滑にすすめられるリーダー（議長）となる参加者を、あらかじめ準備しておくなどといったことも必要になってきます。

さらに、就職や入試などの選抜を目的としたグループディスカッションでは、企画者が、選考において、参加者である候補者のいかなる知識・技能を観察したいのかをふまえて、合理的に企画をすることが必要です。たとえば、A社の選考試験として、人事担当者が、自社製品の知識を候補者たちがどの程度有しているかを理解したいとします。その場合、グループディスカッションのテーマとして、「『A社製品』をさらにアピールするためにはどういった広告をすればよいか」など、自社製品の知識を活用することを余儀なくされるようなテーマを設定するとよいでしょう。あるいは、もしも候補者たちのもつ知識よりも、グループディスカッションの技能ともいえる「集団での問題解決能力」について評価したいのであれば、候補者がもつ知識の程度において、グループディスカッションの開始時点で著しい差がみられないような課題の設定をすることが、企画者には求められます。

第四節　「集団浅慮」から抜け出すためのワークシート

ところで、グループディスカッションを行うにあたっては、心理学の視点からもっとも厄介な「影」ともいうべき現象があります。それは「集団浅慮」（第三章参照）です。集団での思考を通じて決定したことが、個人の思考を通じて決定したことよりも質が低くなるということです。

ここでは、より質の高いグループディスカッションに取り組むことをめざす参加者に向けて、集団浅慮におちいらないグループディスカッションの工夫を考えます。集団浅慮は、個々の参加者からもち寄られた情報に対し、より客観的な視点での集団的思考が機能しないことによって起こります。集団浅慮を防ぐには、参加者たちが提出した意見を、まずは網羅的に整理していく作業が欠かせません。そこで、情報をできるだけ客観的に整理するための手立てとして、さまざまな情報を視覚的に扱うことが可能なワークシートが活用できます。情報を視覚化できるワークシートを活用すれば、たとえそれが膨大な情報であっても、客観的な視点を維持しながら向き合うことができます。

グループディスカッションで参加者全員が同じワークシートを共有することは、集団浅慮を避けるのに有効な手段です。しかし、グループディスカッションの場で、いつもそうしたことがかなうわけではありません。たとえば、就職活動の選考試験の場で、参加者が突然、鞄からワークシートを取り出してほかの参加者たちにそれに注意を向けさせるようなことを強いたりすると、おそらくその場全体に違和感を与えてしまうことでしょう。

まずは、たとえ一人であっても、グループディスカッションで客観的な集団的思考を支える重要な参加者として、あるいは集団浅慮が起こりにくいグループディスカッションの企画者として、ワークシートを利用してみてはいかがかと思います。ワークシートの書式を、頭の中でイメージできるようになれば、グループディスカッションの場でワークシートをあえて用いなくても、さまざまな意見をいわば「暗算」をするかのように、うまく頭の中で整理するというノウハウを身につけることにつながるかもしれません。

以下では、こうした趣旨にかなったワークシートを三つ紹介します。

（１）特性要因図

石川（1989）によって開発されたツールで、解決すべき問題の要因について、視覚的に明らかにするために活用します。フィッシュボーンチャートともよばれます。まず、紙面の右端に、検討すべき問題を示します。そして、その問題の要因として考えられることを、まるで魚の骨のようなかたちで表現していくことにより、問題の要因を視覚化していきます（図４−１）。

グループディスカッションのもとで、特性要因図を有効に使用することが期待できるケースは、注目すべき問題が存在し、その要因としてさまざまなものが想定される場合です。つまり、問題に対する「なぜ〜（Why…?）」を分析することが必要な場合に有用です。たとえば、グループディスカッションのテーマとし

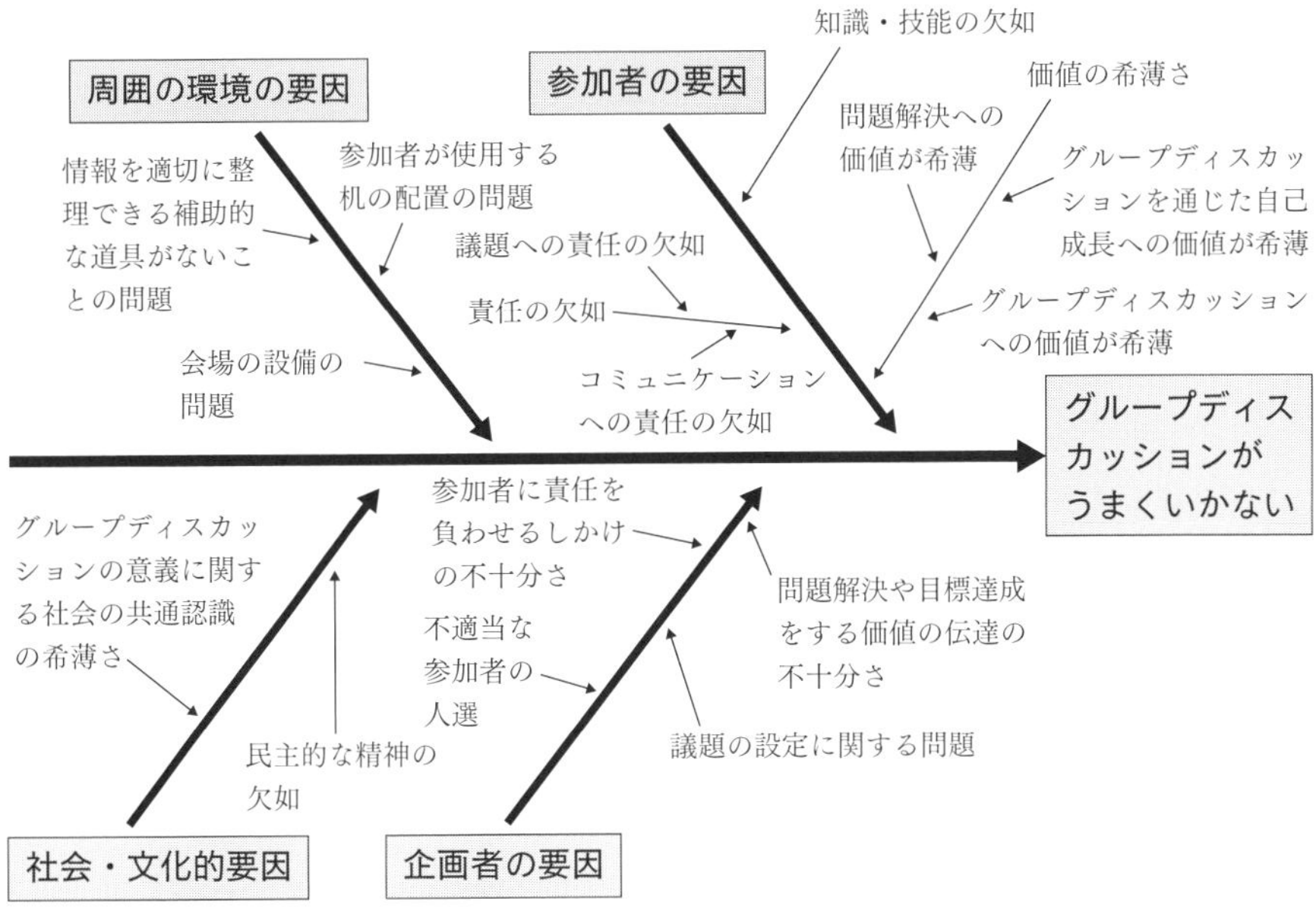

図４-１　特性要因図の例
（石川，1989をもとに作成）

て、「なぜ、グループディスカッションはうまくいかないことがあるのか」「どうして、交通事故は発生するのか」といった場合には役に立つといえるでしょう。

グループディスカッションのテーマが、いわゆる問題の解決をめざすことを志向したものである場合にも、「なぜ～（Why…?）」を分析することにはそれなりの意義があります。たとえば、仮に「どのようにしたら、会社の残業時間を減らすことができるか」といったテーマでグループディスカッションをするにあたり、「会社で残業時間を減らせないこと」を、まずは注目すべき問題とみなすとします。すると「それでは、なぜ今の会社では残業時間が減らせないのか」といういわばサブテーマで、現在の問題の要因を明らかにすることが必要になってきます。たとえば「早く帰社すると会社からの評価が下がるのではないか、という社員の不安があるから」という要因があがってくるかもしれません。そのうえで、そうした要因を排除するような対策を考えることで（たとえば、残業しないことを上司がはっきりと肯定的に評価する）、当初のテーマに即した解決策を導くことにもつながります。

(2) 意思決定マトリクス

問題解決や目標達成をめざして主張された複数の選択肢を合理的に評価して、最終的な意思決定の参考にするのに用いられるワークシートです（堀　2013）。まず、ワークシートを使用するグループの中で、主張されることがらを評価するための複数の評価規準とその規準に付与される得点（重み）をあらかじめ決めて、表の上の行に記しておきます。そのうえで、グループで提案された各主張を表の左列に記し、それぞれの規準ごとに各主張を数量的に評定します。その評定の合計点を参照しながら、最善の主張となる選択肢を探っていきます（図4-2）。

このワークシートは、グループディスカッションのもとでは次の三つのことが成り立つときに有用です。一つめは、これは多くの場合にいえますが、端的に表現すれば「何を〜（What…?）」という問いに向き合うときです。たとえば「自社の新商品として、何を開発すればよいか？」というような問いです。二つめは、問いから導かれた主張を評価するための規準とその規準に付与される得点（重み）を事前に決めることができるときです。すなわち、図4-2の例にあるような、「独創性」「現状の問題解決度」「実現性」などといった規準（測定する概念）が事前に決められる場合をさしています。とくにグループディスカッションの参加者全員でこのワークシートを活用する場合、それぞれの規準をどのように定義するか（たとえば「独創性」とは何を表すか）について明確にしておくことが望ましいでしょう。そのうえで、この規準と得点（重み）について合意形成をしておくことも重要です。そして三つめに、ディスカッションの問いに対して、複数からなる有意義な主張が選択肢としてあがっているときにこのシートは有用となります。たとえば、複数の新商品が選択肢として存在しており、予算の関係でその選択肢から最終候補となる新商品を選び取らねばならないならば、このワークシートは、参加者たちが冷静に意思決定をするのに役立つ情報を与えてくれることでしょう。

得点（重み）　評価規準　合計を見るとBの主張が最善の主張といえる

各主張	独創性	現状の問題解決度	実現性	コストの低さ	将来性	合計
	（15点）	（10点）	（10点）	（10点）	（5点）	（50点）
A	8	7	5	5	5	30
B	13	9	3	6	4	35
C	10	8	8	3	4	33
D	6	6	7	9	3	31

図 4-2　意思決定マトリクスの例
（堀，2013 をもとに作成）

(3) 賛否両論図

グループディスカッションを通じて、問題解決や目標達成をめざして主張された内容を検討しつつ、さらに新たな主張が導けないかについて検討するためのワークシートです(西口 2015a)。ひとつの主張に対して、「長所(賛成の理由)」と「短所(反対の理由)」の両論を整理する「プロコン表」ともよばれるワークシートがベースとなっています。

賛否両論図を活用する手続きですが、まずはグループディスカッションを通じて提案された各主張を列挙します。次に、それぞれの主張ごとに「長所(賛成の理由)」と「短所(反対の理由)」について記していきます。そのうえで、各主張に共通した「長所(賛成の理由)」と「短所(反対の理由)」の記録を分析しつつ、帰納的推論、演繹的推論などを通じて、新たな主張を導くことができないかを検討していくのです(図4-3)。

たとえば「自社の新商品として、何を開発すればよいか?」のように「何を~(What…?)」という問いから導かれたさまざまな主張に対して、各主張の「長所(賛成の理由)」と「短所(反対の理由)」をまとめていきます。そのうえで、多くの主張に含まれた重要度の高い「長所(賛成の理由)」をもちつつ、多くの主張に含まれた重要度の高い(問題の大きい)「短所(反対の理由)」がみられないような新たな主張をつくりだすことができないかを、グループディスカッションの参加者の中で検討を続けていくのです。

ところで、筆者は、大学生たちが賛否両論図を活用したグループディスカッションを行ったときに、いかなる思考が生じたり、話しあいの成果がみられたりするかについて研究しています。そこでは意図的に、参加者の知識量の差が話しあいに影響しないテーマを取り上げて、グループディスカッションを企画

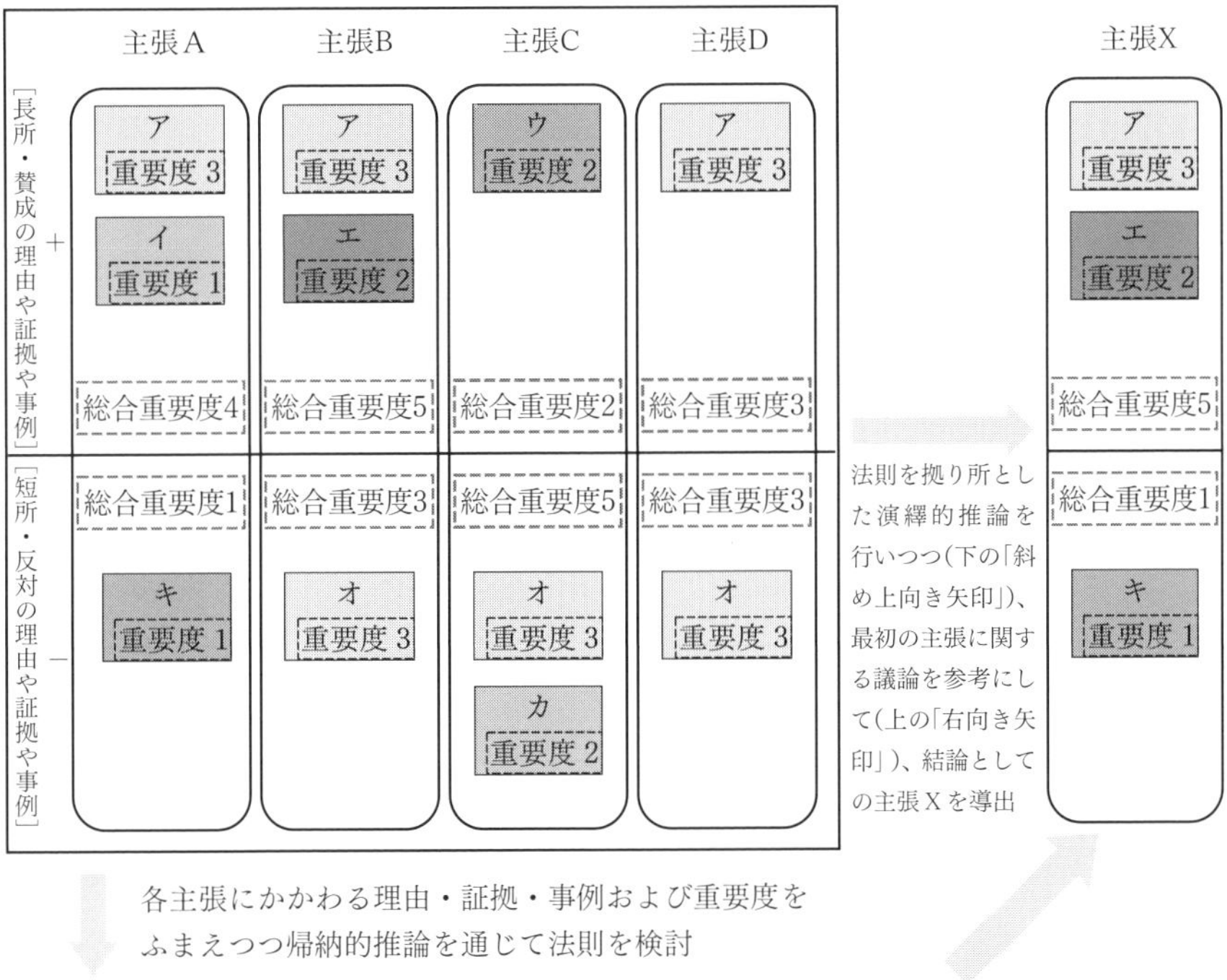

法則 1：「ア」の特徴（理由・証拠・事例など）をもつ主張は「プラス（重要度 3)」である。
法則 2：「オ」の特徴（理由・証拠・事例など）をもつ主張は「マイナス（重要度 3)」である。
⋮

図 4-3　賛否両論図の例

していきます。具体的には、テスト前に顔見知りの他者が、自分のノートをコピーしたいと依頼してきた、という日常の場面で、いかなる言葉を依頼者にかけるのが最も適切かを導くことを目的としたテーマをあげています。また、賛否両論図を活用することの意義は、異なる複数の主張がみられるときであることから、あらかじめ四つの主張、具体的に示すと「いいですよ。どうぞ使ってください」「実はきちんとノートが取れていないので、貸すことができません」「いいですけど、今日中に返してください」「ノートは、各自が自分のものを利用するべきではないでしょうか」といった四つの言葉かけを参加者たちに示したうえで、グループディスカッションをしてもらっています。参加者たちは、グループとして新たな主張を導くことを目標としているのですが、まずは個人用の賛否両論図でそれぞれの主張の「長所（賛成の理由）」と、「短所（反対の理由）」について整理し、その後、グループ用として配布された一枚の賛否両論図の上に全員の意見をまとめながらディスカッションを行っていきます。

グループ用の賛否両論図を後で回収し、その内容を分析してみました。参加者たちは話しあいの結論を導くのに、あらかじめ示されていた複数の言葉かけに共通する「長所（賛成の理由）」をもとに、〈自分の意見がはっきりしている言葉を返すことはよい〉という法則を導くなどの帰納的推論や、グループで導いた〈自分の意見がはっきりしている言葉がよい〉、〈自分が損するかもしれない言葉はよくない〉という複数の法則をもとに、「いいですけど、今日中に返してください。そして次からはノートをがんばってとってみてください」というオリジナルな言葉かけを提案するといった演繹的推論を行いつつ、結果として新たな主張を導いていたことを確認しています（西口 2015b）。

もっとも、賛否両論図を用いた場合でも、どうしても新たな主張を導くことができないこともあるようです。その場合は、最初に参加者から示された各主張の「長所（賛成の理由）」と「短所（反対の理由）」をふまえ、もっとも重要性の高い「長所（賛成の理由）」がみられ、かつ「短所（反対の理由）」がそれほど重要でない主張がどれであるか検討することで、より適切な主張を選択することへとつながります。

第五節 「企画者の目的」という視点別のグループディスカッションの留意点と工夫

グループディスカッションの本来の目的は、集団の中で共有された問題解決や目標達成にあります。ただし、グループディスカッションの本来の目的を「手段化」したうえで、教育や人事の選考を別の目的と位置づけて実践することもできます。ここでは、企画者が意図した目的のちがいに基づき、グループディスカッションを四つの指向、「問題解決・目標達成指向」「集団教育指向」「個人の適応支援・問題解決指向」「選考指向」に分け、それぞれに企画者と参加者の留意点や工夫についてみてみましょう。

(1) 問題解決・目標達成指向

①企画者の目的

地域や企業といった組織の問題解決や目標達成をめざすものです。すなわち、本書のグループディスカッションの定義に記された目的(集団の中で共有された問題解決や目標達成)と、企画者の目的とが一致しているグループディスカッションです。

②企画者と参加者における留意点と工夫

[企画者]

グループディスカッションの目的となる問題の解決や目標の達成が、地域や企業などのいかなる経緯から必要とされているかについて、はっきりさせておく必要があります。そのうえで、この目的に向かってグループディスカッションが行われるということについて、一人ひとりの参加者がはっきりと認識できるように主導する必要があります。

[参加者]

参加者は、地域や企業などにおけるこれまでの経緯をふまえて、問題解決や目標達成に向けて、思考に支えられた相互的なコミュニケーションを実践する必要があります。

(2) 集団教育指向

①企画者の目的

グループディスカッションの活動を通じて、参加者たちの能力を高めることをめざすものです。

②企画者と参加者における留意点と工夫

[企画者]

この目的で行われるものは、学校教育の場面で典型的なものです。グループディスカッションの企画者となる教師は、参加者である児童生徒に対して、活動に対する価値や責任についての意識を高めさせることが求められます。こうした価値や責任を意識させるうえで、企画者である教師にとっては、第二章でもふれた協同学習という理論が大きく役に立つでしょう。

協同学習の定義について、関田・安永(2005)では、「協力して学び合うことで、学ぶ内容の理解・習得を目指すと共に、協同の意義に気づき、協同の技能を磨き、協同の価値を学ぶ(内化する)ことが意図される教育活動」(p.13)としています。

ここで、協同学習の考え方の中でも代表的な、ジョンソン兄弟(Johnson et al., 1990)が提唱する考え方を紹介しましょう。彼らは、集団が学びあうための条件として、次の五つの要素が必要であるとしています。つまり、①促進的相互依存関係、②対面的な相互作用、③個人の責任、④対人技能や小集団の運営技能、⑤集団改善手続き、です。とくに、ジョンソン兄弟が協同学習の五つの要素の中に示した「促進的相互依存関係」とは、“One for all, all for one.” すなわち「一人はみんなのために、みんなは一人のために」という信念を表しています。一人ひとりの参加者が、こうした信念を共有しているほどその集団では話しあう価値が全体として高まっていることでしょう（表4–2）。

さて、こうした要素をふまえつつ、学校教育でグループディスカッションを活用するならば、教師は授業づくりのさまざまなコーディネートを行うこ

表 4-2　ジョンソン兄弟が提唱する協同学習の 5 つの要素（杉江，2011）

要素	概要
促進的相互依存関係	集団のメンバーは自分の働きが仲間のためになっており、仲間の働きが自分のためになっていることを理解している必要がある。そのためには協力して取り組める課題を準備しなくてはならない。成績評価でも、仲間同士の貢献が加算されるようなしくみを入れることが効果的である。
対面的な相互作用	協同的な相互作用が理解や習得を促進し、多様な同時学習を可能にする。したがって、豊かな相互作用を交わすことのできる学習場面を設定する必要がある。小集団の編成は能力等の特性で異質であること、サイズも顔を突き合わせて話しあいのできる 4 〜 6 人程度であることが望ましい。
個人の責任	学習を他人に任せてすむような場面づくりをしてはいけない。協同学習は「強い個人」をつくることが目的であり、その過程では、仲間を高めるための援助をつくす責任と、仲間の援助に誠実に応える責任という、個々の成員にかかる 2 つの責任が重視される。
対人技能や小集団の運営技能	互いに知りあい、信頼しあい、正確なコミュニケーションを交わし、受容しあい、支えあい、対立をも建設的に解決する技能を成員がもてるような経験が必要である。
集団改善手続き	集団の活動を振り返り、よりよいあり方をさらに追求すべく、集団ごとに活動後にメンバーが互いに評価を行うことをいう。協同の意義を再発見する機会ともなり、協同への積極的態度を育てる機会となる。

とが必要になります。たとえば、まだ話しあいに慣れていない児童生徒たちにグループディスカッションを導入する際には、前にもあげたように、一人ひとりに司会者、記録者、報告者、タイムキーパーなどの明確な役割を与えたり、時計回りで全員が発言していくというルールを決めたりすることによって児童生徒にグループディスカッションでの責任をもたせることが、必要となってくるでしょう。

また、児童生徒の学力や個々の特性をふまえつつグループのあり方を考慮する余地もあるでしょう。第二章、第三章でもふれたグループの異質性、同質性に注目すると、それぞれのグループに長所と短所のあることがわかります。そのため、集団教育のためのグループディスカッションで、いかなるグループ分けをすることが適切なのかは、その教育目標をふまえての検討が必要です。たとえば、グループディスカッションに慣れることを教育目標とした児童生徒の集団においては、できるかぎり同質性のグループのほうが、グループディスカッションへの否定的反応や学習性無力感の生起を予防するのに役立つのかもしれません。他方、グループディスカッションの高度なスキルを育むことを教育目標とするならば、むしろコミュニケーションの難しさに直面しがちな異質性のグループのほうが有意義なのかもしれません。

グループのあり方に関連して、筆者がかかわった小学校の道徳の授業での研究（西口・中野 2018）をひとつ紹介しておきます。日常生活で意識している行動についてあらかじめアンケートでたずねた小学三年生の児童たちを対象に、道徳の授業で扱った教材の登場人物の心情や行動の意図、さらには人間として大切なことについて話し合うグループディスカッションが行われました。そして、そのディスカッションのもとで、児童たちにいかなる発言がみられたかを調べました。分析の結果、そこでのグループディスカッションの発言は、児童たちが日常生活で意識している行動を反映していることについて確認しました。道徳の授業では、子どもたちが多様な感じ方や考え方にふれて、自らの考えを深めたり、判断したり、表現したりする力を育むことが期待されています。そのため、児童たちが多様な感じ方や考え方に接することのできる道徳の授業をめざすのであれば、日頃の行動様式の異なる児童たちのグループで行われるディスカッションが有意義といえるでしょう。

さらに、教育目標や課題設定という点からいえば、第二章で紹介されたアトキンソンの公式に従うかぎり、五分五分の適度な難しさを感じさせる目標やそれにともなう課題を設定することが、グループディスカッションへの動機づけを高めることに役立つことでしょう。

加えて、参加者の自己調整を支えるという視点にも留意しておきたいところです。すなわち、一人ひとりの参加者が、グループディスカッションを通じて、自らの思考や人間関係、それを支える動機づけについての自己調整ができるようになれば、おのずと社会で生きていくために必要とされる、多様な能力の伸長が期待できます。

［参加者］

ここで想定される参加者は、学校教育の場における児童生徒です。そのため、グループディスカッションの質は、企画者である教師の実践的力量によって左右されます。

グループディスカッションを通じて、児童生徒たちが学ぶことは、その発達段階によって多様性を帯びるといえるでしょう。たとえば、低年齢の子どもであれば、自分の考えを伝えたり、仲間の考えを聞いたりすること自体が、大きな学びになります。そして発達段階が進むにつれて、知識や技能の幅を広げたり、より深い思考力を磨いたりすることへとつながっていくでしょう。場合によっては、グループディスカッションが、民主的な考え方が基盤にないと成り立ちがたい貴重なコミュニケーションであるということまで洞察できるかもしれません。一つひとつの学びを通じて、さまざまなグループディスカッションに対してより適切にふるまう参加者としての資質を身につけていくことになるでしょう。

（3）個人の適応支援・問題解決指向

①企画者の目的

グループディスカッションを通じて、適応や問題解決に関する個人的な支援のニーズがある参加者の現状について、アセスメント（査定）を行い、ならびにそのアセスメントをもとに、参加者に対する適切な適応支援や問題解決を行うためのたしかな計画や実践をめざすものです。

②企画者と参加者における留意点と工夫

［企画者］

この目的でのグループディスカッションでは、参加者の個人の能力を適切に見極めるというアセスメントが並行して行われます。そのうえで、参加者の今後の支援のあり方や問題解決について、そのアセスメントの結果をふまえて引き続き支えていくという姿勢が求められます。

たとえば、特別支援を必要とする児童生徒に対してグループディスカッションを企画した場合を考えてみましょう。特別支援教育では、一人ひとりの子どもの特性に合った支援を行うために、目の前の子どもがうまくできること（例　話し合いの役割にそった行動ができる）、うまくできないこと（例　相手が話をしているときに自分が話してしまう）に基づいた個別の指導計画を立てます。その子どもが、特別支援担当の教師の見守るかぎりにおいてグループディスカッションを行うことができるという見立てのもとで、企画者の教師が様子を観察するとします。そこでの子どものふるまいは、実際の対人的なコミュニケーションにどのように反映されているかといった理解につながり、さらなる教育や支援にはどういう介入が必要かなどの理解にもつながることでしょう。こうした活動こそが、アセスメントに該当するのです。

アルコール依存症の解決に向けたグループディスカッションでは、依存症から回復するには、同じ問題を共有している者同士が集まり、ともに励まし合うことが役立つと知られています。すなわち集団の力が回復に向けた推進力になるのです。そのうえで、アルコール依存症の参加者による「アルコール依存からどのように回復するか」をテーマにグループディスカッションを行うとすれば、企画者である相談機関の支援者等のもつべき視点としては、問題解決に向けた参加者のものの見方や動機づけの状態を含めた、現状の回復段階をアセスメントにつなげる、ということがあげられます。企画者には、個々の参加者に対して、今後の個別の介入を適切に行うことに役立ててもらいたいものです。

［参加者］

参加者における動機づけのあり方は、ここでは個人のニーズによってかなり異なります。少なくとも、グループディスカッションへの価値や責任の感覚には個人差があります。ただ共通していることは、それぞれの個人が、グループディスカッションを介して、よりよく生きていくための力を育むことをめざしているという点です。企画者の手腕によりますが、参加者の多くが、自らの生きる力を高めることが実感できるグループディスカッションにめぐり会えることを期待したいところです。

（4） 選考指向

①企画者の目的

グループディスカッションの活動を観察することを通じて、参加者のもつ能力や資質を見極め、参加者を適切に選考することをめざすものです。

②企画者と参加者における留意点と工夫

［企画者］

企画者が、参加者を直接観察することもあれば、企画者はいわば裏方となり、別の複数からなる人事担当者や入試担当者によって参加者が観察されることもあります。企画者としては、グループディスカッションという活動を通じて、参加者のいかなる能力を把握すべきなのかについて明確にしておき、そのうえで参加者を直接観察する担当者間でそのことを共有しておく必要があります。

参加者である候補者たちは、選考されたいという動機のもとで、活動自体に価値を見出しています。そのため、単に活動的であるかどうかという視点だけで参加者をみることにはあまり意味がありません。また、課題設定によっては、参加者がもつ経験や知識、思考のあり方を評価することはできますが、こうした評価は実際には筆記試験や個別面接のほうが合理的につかめる場合もあります。とくにグループディスカッションを選考に取り入れる意義は、参加者である候補者における「集団での問題解決能力」といえるでしょう。そして、こうした能力を適切に評価するためには、グループディスカッションを始める前の参加者たちの経験や知識の差に大きく影響しないような課題設定（もっとも、候補者として、どうしてもあらかじめ備わってないと困るといった知識があれば、その知識の活用を前提とした課題設定）がとても重要になってきます。

［参加者］

企画者の目的が選考指向であるグループディスカッションについて、参加者の立場からその目的を端的に示すならば、参加者自身の能力を発揮して企画者に選ばれること、になります。そのため、参加者としては、グループディスカッションの場で設定された問題や目標に対してそれらの解決や達成をめざす、というグループディスカッションの定義にそった目的を果たすことが要求されます。すなわち、参加者としての責任を適切に果たしながら、自分のもつ知識・技能と、ほかの参加者のもつ知識・技能を足がかりに、集団での問題解決や目標達成に専心することが必要になります。本書では第三章第三節で、参加者に向けた提言をしましたが、少しだけ、責任という視点から補足しておきます。

「自分が選ばれたい」という思いが先走ってつい忘れがちになることは、一人で問題解決や目標達成をめざすのではない、ということです。たとえば、次のような例を考えてみてください。選考試験当日にグループディスカッションのテーマが発表され、「そのテーマについての知識はほとんどない」という状況でグループディスカッションに臨むことになったとしましょう。この場合、個人でペーパーテストに向き合ってそのテーマのレポートをまとめるのであれば、率直にいえば絶望的な状況です。しかし、グループディスカッションでは、過度に落胆する必要はありません。この場合、一人の参加者として、問題解決や目標達成に対して、どのような責任を果たせるかを考えながら参加するとよいのです。自分以外には、そのテーマについての知識を豊富にもっている参加者もいることでしょう。その参加者から語られた知識に対して相槌を打ったり、場合によっては笑顔で「そのことについてもう少し聞いてもいいですか」などと質問したり、さらにはそうして導かれた複数の情報を問題解決や目標達成に向けて整理するという活動も、グループディスカッションの参加者として果たすべき責任なのです。

選考されているということを意識しすぎて、単に個人が目立つような振る舞いになってしまうこともあるでしょう。しかし、企画者がなぜグループディスカッションを選考に用いているのかを考えれば、おのずとそうした振る舞いのみでは選ばれないということが見えてきます。むしろ、グループディスカッションの本来の目的を実現するにあたっての責任を、見失うことがないように留意することが重要なのです。

引用文献

堀　公俊（2013）．ビジネス・フレームワーク　日本経済新聞出版社

石川　馨（1989）．品質管理入門　第三版　日科技連出版社

Johnson, D. W., Johnson, R. T. & Holubec, E. J.（1990）. *Circle of learning.* Edina Minnesota: Interaction Book Company. 杉江修治・石田裕久・伊藤康児・伊藤　篤（訳）（1998）．学習の輪――アメリカの協同学習入門　二瓶社

Judson, L. S. & Judson, E.（1937）. *Modern group discussion: Public and private.* New York: The H.W.Wilson Company.

西口利文（2015a）．グループディスカッションのためのコミュニケーション演習――賛否両論図を用いたアクティブラーニング　ナカニシヤ出版

西口利文（2015b）．「賛否両論図」を用いたグループディスカッションの効果の検討　日本協同教育学会第12回大会要旨集録　96-97.

西口利文・中野真悟（2018）．児童のセルフマネジメントとグループディスカッションでの発言との関連――小学校3年生の道徳授業からの分析　日本教育心理学会第60回総会発表論文集　368.

関田一彦・安永　悟（2005）．協同学習の定義と関連用語の整理　協同と教育　1, 10-17.

杉江修治（2011）．協同学習入門――基本の理解と51の工夫　ナカニシヤ出版

［座談会］

グループディスカッションで学びは深められるか──実践、評価、効果における課題を中心に

参加者　西口利文・植村善太郎・伊藤崇達

日時　二〇一九年十一月十五日

場所　大阪産業大学梅田サテライトキャンパス（大阪駅前第三ビル19階）セミナールーム

左から、伊藤・植村・西口

はじめに

第一章ではグループディスカッションの概要について述べ、第二章では学習の視点から、第三章では社会・文化の視点からの議論、そして、第四章では包括的な視点からの考察を行ってきました。ここまでの内容をふまえて、グループディスカッションのさらなる課題と今後の可能性を探るべく、座談会を行いました。参加者三名は名古屋大学大学院博士課程在学時代からの旧知の間柄で、およそ二十年以上、大学教育に携わってきています。日々の教育実践に関する率直な問題意識や現状を共有しつつ、グループディスカッションの実践、評価、効果における課題を中心に語り合いました。

（聞き手　金子書房編集部）

――今日はよろしくお願いいたします。普段はそれぞれ大学で学生や院生を指導していらっしゃいますが、普段の講義ではグループディスカッションをどのように取り入れておいでしょうか。

西口　私の専門領域は教育心理学ですので、私立大学の教職課程の学生を対象に教育心理系の授業を担当しています。とくに現在の学生に対しては、卒業して教師になってから新しい学習指導要領に基づいて主体的で対話的な深い学びを実現する授業づくりをすることが求められていますので、大学の授業が主体的で対話的な深い学びのイメージをもってもらうひとつのきっかけになればと思っています。

植村　私の専門は社会心理学と教育心理学です。教員養成系大学の幼児教育のコースに所属していますので、将来、幼稚園や小学校の教員をめざす人たちを教育するのが中心的な仕事になっています。

グループディスカッションについては、可能な範囲で、授業に取り入れるようにしています。私の講義、あるいは受講者のだれかの発表を聞いて、それをふまえてグループでその内容に関して話し合わせるとか、各自に課題としてやってきたレポートをグループ内で相互に発表して議論させるとかを行っています。また、いわゆるゼミナール形式の授業もグループディスカッションのひとつと考えています。

授業に主体的にかかわることを希望する受講者が増えてきた印象があるので、一方的に教授する講義よりも双方向的な要素をもった講義のほうがよいと考えて、授業にグループディスカッションを導入しています。けれども、実際に実践するとなると評価の難しさ、学生間の動機づけのばらつき、課題設定の難しさなどの課題が出てきます。今日はそういうことも話し合えるといいなと思っています。

伊藤　伊藤です。私の専門は教育心理学になります。教育心理学のなかに教授・学習心理学という領域があり、さらにそのなかでも主体的な学びに関する自己調整学習という考え方があるのですが、そうした理論的な枠組みから研究を進めています。もともとの関心は児童期から青年期にかけての学習にあり、小学生や中学生がどのように主体的に学んでいくようになるかのプロセスに関心があります。最近は、大学教育でアクティブ・ラーニングが求められるようになってきている動向のなかで、自分自身の専門で授業を担当している教育心理学や教職専門のいずれにおいてもさまざまに実践的な研究を進めてきているところです。

これまで教育心理学系の所属で大学に勤務してきました。教職に関する心理学や学部、大学院の教育心理学関係の科目を受け持つことがほとんどで、講義から演習、ゼミなどいろいろな形式のものを担当してきています。私もグループディスカッションで話し合う機会は積極的に取り入れるようにしていて、それがどういう学びにつながっているのだろうかと日頃学生の様子を気にしながら進めています。意欲的で積極的な学生も多いのですが、なかなか学びが深まらない場合もあるとか、あまり参加してくれない学生もときおりみられるなど、なんとかできないかと考えながらいろいろな実践を試みているところです。

席替えで、社会的手抜きを防ぐ

――学びが深まらないことへの対策として、何か工夫されていることはありますか。

西口　私は学びが深まらないことを予防する、つまり社会的手抜きを防ぐための手立てにもなると考え、講義前にまず大教室での席替えをします。講義室に行く前に班と座席の番号を印字した「指定席券」というものを用意して、それを学生たちに手わたしで、ぱーっと有無をいわさず一人一枚取ってもらって全員に回していくのです。そして学生たちはスライドに映された指定席の座席番号に移動していきます。こうすることで、普段の仲間同士によるグループでなく、多様な学科やちがう学年の学生とのグループでの話しあいを余儀なくされます。毎回の授業でそうしていると、座席の位置で自分のパフォーマンスが私に見られていることを学生は意識し始めるわけです。あえて私も意識して、三班の四番の方、がんばろうねと声をかけたりします。そして最後にその指定席券には、名前と小レポートを書いて提出させます。「指定席券」兼、「出席券」兼、そして「小レポート」が一枚の紙になり、匿名性を排除するのです。それをもって、社会的な手抜きを少しは緩和できると思っていますが、それでも手抜きをする学生がまったくいないわけではありません。それでも匿名性を排除することで学生にとっては評価につながるわけですので、自分の学びの責任というような意識が生まれると思います。

植村　席替えは毎回ですか。それとも一度決めたあとはずっと一緒ですか。

西口　グループディスカッションを取り入れるときは、毎回の授業で席替えをします。授業前に人数を数えて最低でも三人の班が組めるように、あらかじめ印字した指定席券から適当な券のみを選び取って配ります。ちなみに、日によっては個人で主体的な学びを行う講義もあります。学びあいで話が深まる課題であれば積極的に指定席券を配りますが、個人で主体的な学びができる課題であれば、指定席券は配らないこともあります。いずれにせよ、半年間同じ席でのグループディスカッションというのは、やりません。

伊藤　学生の集中が途切れてだれてくるのがどうしたものかなと思っていて、毎回席を替えると確かに緊張を生むかもしれません。ただ手間がかかりますね。

植村　確かに手間がかかりそうですね。あと、毎回席を替えるとなると学生同士が仲良くなる時間が足りなくはならないですか。

伊藤　信頼関係ができないというのでしょうか。

西口　何を目的として行うかですよね。ある程度ラポールを期待してグループディスカッションの中で関係性を原動力として深い話しあいを求めるのであれば、固定のグループというのもありでしょう。実習グループなどで、半年とか五、六回とか固定にするような場合がこれにあたります。けれども、私の授業でめざしているのは、多様な関係性のなかでの多様な学びです。いろいろな人間関係のなかでのディスカッションを通して課題解決を行うということに力点を置いているものですから、毎回グループを変えることをあえて選んでいるのです。

植村　毎回の席替えにともなう困難は、それを乗り越えることが教育目標になっているから、それを達成できるようにもっていくということでしょうか。でも、実際にはどうですか。毎回席替えをするとなるとグループ間のばらつきが結構生じたりはしないですか。

西口　まったくないとはいえませんが、むしろグループを固定してしまうと、それこそ「力を発揮しやすいグループ」と「そうでないグループ」みたいなものが出てきます。

伊藤　そのグループから逃れられない、という状況ですね。

植村　それはそれで不公平が出てきますね。

西口　そういうなかでも自分の置かれたグループで自分のパフォーマンスを発揮するのも一つの教育目標として据えることができるとは思います。ただ私の教職の授業ではそちらに重きを置くより、毎回いろんなメンバーとディスカッションをする可能性のなかで自分の話しあいの力を培うことを考えています。学生は案外席替えをおもしろがっています。

伊藤　たのしいのですか（笑）。

西口　小学生の子どもがたのしむような感覚で、たのしんでいるような節があるのです。

植村　ほんとですか。それは「欲目」ではないですか。

伊藤　それは、学生を乗せていくのではないですか。

植村　「たのしみになってほしい」「たのしみやろう」「たのしみであるにちがいない」というような。

伊藤　おもしろいな。

西口　欲目なのか、私のバイアスなのかもしれないですけれども。学生も「おっ、今日はお前とか！」みたいな反応をしたり、女子の受講者数が少ないクラスなのにその日はあるグループに女子が四人集まったり、同じ学科の学生ばかりが集まったり、反対にきれいにちがう学科の学生からなるグループになったりということがあります。

植村　いま、クラスサイズはどのくらいですか？

西口　まちまちですね。いま受け持っている後期のクラスは比較的少なくて、一クラスは三〇人、別の一クラスは五〇人くらいです。前期に担当した教職入門のクラスは、一五〇人いました。一五〇人をそれこそ四〇グループに分けることもあります。

伊藤　西口さんはどれくらいの数の学生までグループ分けできると考えますか。三〇〇とか、四〇〇とか、どうですか。
西口　できると思います。
伊藤　できる！
西口　やる気になればね。やる気にさえなれば、できると思います。
伊藤　いやいや、なるほどなるほど。

グループ構成員の同質性と異質性

植村　グループ分けに関連して話したいのですけれども、ぼくは免許状更新講習といって教員免許保有者対象の免許更新のための講習を年に一回、受け持っています。それが結構多人数で、一〇〇人くらいになります。一日六時間の講義のなかで四回くらいは班で話し合って、答えを出してもらったり発表してもらったりするグループワークの時間を入れるようにしています。保育所や幼稚園の先生から高校の先生まで、みんな一緒に同じ教室での講義です。最初はいろんな人と話してもらうといいのではと考えて、校種をばらしてグルーピングしていました。それが、結構不評でした。校種がばらばらだと話が合わないというのか、「課題がちがいすぎて話しにくい」と言われました。
それでも、そんなはずはない、異質性は乗り越えられるはずだと考えて、二年くらいやりました。そのあと試みに、校種が同じか近接した人を、さらに同じ職場の人がいるのだったら何人かを同じグループに入れるようにしてみました。そうすると、グループワークがとても円滑になり、講習のあとのアンケートに、「(同じ校種あるいは職場の人を) 同じグループにしてくれたのですごく話がしやすかった」といった声が多くあがるようになりましたね。いままでの苦労はなんだったんだ、と思いました。それでいまは同じ、あるいは近接した校種の人でグループを構成する方向に切り換えています。

この本のほかの章の内容ともかかわるのですが、「異質性」は潜在的にはグループディスカッションを効果的にする可能性があると思います。ただ、それを実現しようとなると、「異質性」がもたらす「各人が見ている景色のちがい」といった側面を乗り越える工夫が必要なことを思い知らされました。西口さんのさきほどの実践でいうならば、それを乗り越えさせるのは「課題内容」ということですか。

西口　課題内容は、重要なキーワードだと思っています。免許状更新講習の参加者はおそらくそれぞれに個人的な課題をおもちだと思うのです。それに対して、植村さん自身の免許状更新講習での課題というのがきっとおありだったと思います。それは多様な校種の人がかかわることによって何かすごく発展的な視点を得ることを期待できるのではないかという目標での幼小中高の入り混じったグルーピングだったのでしょう。ただ、講習での課題設定と個々の参加者のもつ課題とには、乖離があったのではないでしょうか。更新講習の参加者は、十年に一回参加せざるを得ないという一方で、参加した以上は何かお土産を持って帰らなくてはという気持ちがあるはずです。その動機をある程度ふまえた課題設定をして授業者のほうが参加者の期待に寄せていくか、あるいはやはり植村さんの目標、つまり「幼小中高の垣根を越えて克服してもらいたい」という目標に基づいた課題設定を押し通すのであれば、その課題を通して異校種の方々が話し合うことによってこんな値打ちがありますよというような価値を認識してもらう必要があると思うのです。企画者つまり授業者の目的と参加者の目的とはそれぞれちがうという気持ちはもったほうがいいです。

なお教職志望の学生の場合、グループディスカッションとして教師に設定された課題が、彼らの個別の問題解決に役立つかどうかは、学科がちがうかあるいは同じかによって、それほど影響しないでしょう。

むしろ同じ大学生だからこそ、しかも同じ教職をめざす学生だからこそ、うまく課題を設定すれば、話しあいが深まるかもしれません。

伊藤　現職の教員と学生でいえば、ぼくは、学生のほうが、もともと同質性が高い気がします。その基盤があるから異質性を持ち込んでもうまくいきます。学力レベルもだいたい似ていますし、だいたい同じ志向性というのか大学生という同世代性が前提としてあるように思います。つまり学生の場合は同質性が基盤にあるので、多少の信頼感とか通じ合うところがまずあって、そこにどれだけ異質性という要素を入れていけるかであって、異質性という意味合いが多少ちがうと思います。ぼくは、植村さんとまったく同じ経験を前任校でしています。受講生、講師、双方にとってもどかしかった経験ですね。高校の先生からしたら、幼稚園の先生の話とまったく接点がないですから。

植村　どうもちがうみたいですね。

伊藤　ちがってきますからね。

植村　はあ。

伊藤　それで同じようなことがあって、不評でした（笑）。このことについては、同じやり方をおそらくどこの大学でも共通して取り入れて、同じようなことがあったのではないかと推測します。実際、いろいろな大学の先生から同様の経験を聞きました。ほんとうに初期のころですけれどもね。四人グループを組んで、というやり方です。

植村　伊藤さんの場合はグループワークを入れて、講習されたのですか。いまもそうですか。

伊藤　わりとはじめのころだったと思います。説明すると、最初の三〇

分のなかで参加者が勤務している学校をグループ内で紹介しあうのですが、アイスブレイクみたいな感じで、ディスカッションをするのです。できるだけ異質性、多様性を活かすというねらいだったのでしょうね。それをセッションごとに二日間のなかにかならず入れるのです。幼稚園から高校までの教員という参加者がいて、話す側もなんだか抽象度の高い、ある意味深いようで浅い理論の講義になりがちで、全員に射程を合わせるとなると大きい理念を伝えるだけのものになるのです。そういう意味でも参加者の組み合わせはなかなか難しくて……。そこでとった対応策は、あいだをとって隣接校種でグルーピングするというものでした。

植村　ああ、幼小、小中、中高。

伊藤　そういう感じです。そこだけである程度同質性もありつつ、異質性も出てくるというような組み合わせです。二クラスに分けて、できるだけある程度の同質性を保ちつつ異質性もあるという。

植村　たとえば、幼稚園と高校の教員は一緒にならないということですね。

伊藤　そうそうそう。かならず校種を隣り合わせるのです。結局、幼小接続や中高一貫教育の話だとか、そういうところに収めて工夫できるということです。まさに植村さんと同じ経験をぼくもしました。もどかしい経験ですよね。たまにアンケートに、このことについてコメントされる先生方がおられるんですよね。

植村　そういうことは、ありますね。

西口　子どもに対してどのような介入をするかという課題やテーマがあっても、幼稚園の子どもと高校生とでは介入のために求められる具体的なことがらがぜんぜんちがいますものね。

伊藤　そう、求められているものがちがってきますよね。

西口　ところが幼小接続や中高一貫教育はひとつのテーマとして成立しますね。どのようなカリキュラムで接続性を考えるかということになりましたら、それは中学校と高校の教員が共通の目的や課題に向き合っていけますので、それに関してはおそらく建設的な議論ができるはずです。

伊藤　話しあいの必要性もありますからね。

西口　そういうニーズは大きいと思います。ニーズにあった同質性、異質性とはどういうものなのか。

伊藤　それをつなげていかなければなりませんね。

植村　そうすると課題の内容が、グループの異質性や同質性の範囲を決めているということですか。ある課題だとこういう人々が同じグループになるし、別の課題だとさっき一緒だと思っていたグループが実はまったくちがう立場になるということですね。どういう課題を持ち込むかによって教室全体が一つのグループになるのか、異なるグループになるのかが左右されると。「異質性」、「同質性」というのは、結局は課題しだいということになるのでしょうか。

西口　課題とその前提にある目的のちがいにかかっているということでしょうかね。本書の第四章で書いたのですけれども、小学生に対して「話しあいとは、すごく価値があることだよ」と感じさせるきっかけをつくる目的のディスカッションであれば、ある程度同質性でグルーピングすることはそれなりの意義があると思うのです。異質性のためになかなか話がまとまらずに紛糾してしまい、話しあいなんてとんでもないと思わせることがないように同質性を重視するということはあるでしょう。けれども、教育目標として学力と社会性を同時にはぐくみたい、しかも世の中に出ていけばいろいろな人たちと自分の考えを伝えあってそこから深い思考を導いていくことを射程に入れた目標を設定しているのであれば、同質性から異質性に少し移行していくことも大切でしょう。そのように移行させるうえでの目安として、どういう目的でどういう課題を、さらにはいかなる子どもたちに課すのかをふまえながら判断していくことになると思います。

そういう意味では、学習指導において、私は教職の学生には生徒観をふまえることも軽視できないとはいいます。授業づくりで指導案をつくるときに、生徒観と教材観とそれをふまえた指導観の重要性、とくに生徒のありようをきちんとふまえないことには、これから子どもたちをグループワークとかディスカッションの世界に導いたときにあやまったグルーピングの設定をすることになるかもしれないよね、といっています。自分の担当するクラスの子どもの様子をしっかりと見極めたうえで授業づくりをすることが、実は新学習指導要領でも求められているのだと伝えています。

伊藤　グルーピングのことで、もう少し話していいですか。自分でもそういうスタイルをいくらか試みたことがあります。西口さんのやり方に近い、四人グループです。ぼくがとった方法は、専攻をこちらからあえて、芸術系の人ひとり、体育系の人ひとり、理系の人ひとり、人文系の人ひとりというようにして、ひとつのグループをつくるということを結構ある時期やってみました。かなりこちらから強制的に一つのセットをつくることになってしまうのですが、それは「一つの縁で」という言い方をして、意義を上手に伝えながらやるのですけれども。それぞれの学生は多様な関心をもっているので、もともと学生の場合は同質性が高いと思われますので、そのうえで、第三章で植村さんが書いておられた情報源が豊かになることのよさができるだけ実現できるようなことを意図して、専攻がちがう組み合わせ方をしてみます。すると理系の人は論理的につめていくとか、芸術系の人が感性で直感的にセンスあるアイデアを出してくるとか、人文系の人は結構言葉選びが上手というか、言葉で表現したりしていくときに活躍するとかして、体育会系の人はアクティブなかたちで参加するとか。

植村　確かに、専攻ごとに個性のようなものはありますね。

伊藤　そう、そうです。そこのところが背後のねらいとしてはあって、彼らの個性をうまく組み込めば、お互いに潤滑油的に場を動かしてくれたりします。

話しあいに乗ってこない学生を引き込む

植村　伊藤さん、多様な学生をあえて同じグループに取り入れることをやってみてどんな感じでしょうか。うまくいっているから続けていこうという感じなのか、それともこれは課題だということがあるのか、どうですか。

伊藤　そうですね、メンバーのパーソナリティの問題はあるという気がするのです。そこがなかなか難しいところです。

植村　ああ、個人差。

伊藤　そう、個人差がある気がするのです。もともとのモチベーションというのでしょうか、大学そのものに行きづらくなっている学生も時にはいたりして、いろんな学生の状況があるなかでどんなふうに配慮しながら進めるかという課題もあるのかなとは思います。

西口さんは毎回の授業でグループを変えるとおっしゃっていたのですが、ぼくは三回くらいで変えていきます。少し継続性をもたせながら十五回の講義では通さない、という頻度です。ぱっと遭った人たちとあわせていく力も経験も、ご指摘のとおり大事ですけれども、ある程度ラポールがあってほしいというか。

植村　確かに、ラポールというか、「なじみ」もほしい気がしますね。

伊藤　そうそうそう、そんな感じです。

植村　毎回、初対面で意見交換しないといけないというのは、学生にとってはしんどい気がします。毎回、緊張して授業に向かわなくてはな

らないというのもね……。

西口　ええ。話しあいが苦手な人や、毎回意気込んでいる人や、指定席券を配ったときに「ああ、今日もか……」というような人もいます。けれども、話しあいは大事なことだと言い続けるしかないです。

植村　教員養成という意味では、話し合うことへの抵抗感を乗り越えてもらいたいという教育的な配慮や目標はあると思いますね。

ただ、そうとはいえ、授業に強くコミットせずに、「しらっ」としている学生はかならずみられます。そういう学生にとっては、グループディスカッションが活動に組み込まれ、さらにそれが評価にもかかるという授業に参加することは、本人にもまわりの受講生にとってもたいへんなことなのかなあとも思います。従来型の授業であれば表面化しなかった課題があらためてそれぞれの受講生に突きつけられると思います。もちろん、問題を突きつけられてそれぞれが努力してくれれば一番いいのですが、毎回がんばるのはしんどいという気持ちも理解できます。どうやってそういう人たちをうまく引き込みながら話し合う力を伸ばしていくのかを考えていくべきなのかなと思います。

たとえば、最初から机にうつ伏しているような学生もまれにいます。こちらが「そうすると評価が低くなるよ」と事前に言ってみても、授業の最後までグループでの話しあいに参加できないこともあります。西口さんの授業ではそのような学生にどう接しておられるのですか。

西口　私の授業では、そういうケースは、あんまりないです。嘘かと言われるかもしれないですが、ほんとうに。

実は、私は学生相談室で発達障害の学生を対象としたグループワークを担当していて、実際にはそこでそういうケースはあります。とくに結構自己評価の高い学生で、心の浮き沈みが大きい学生は、グループになったときに、ものすごく主張していろいろとこうしようああしようというのですが、まわりが結構および腰になるのです。すると、それに対して、自己評価ががくんと下がるというのが、相談室のケースではあります。私はそこから、グループディスカッションを含めたグループでの活動が、個々の学生を社会に出していく支援のためのアセスメントになると感じるようになりました。つまりアセスメントがグループディスカッションを企画する目的になりうると思うようになったのです。彼らは実社会において同じような場面でたぶん同じような状態におちいるだろうと思われます。スキルトレーニングというような場要は人工的な環境でそのきざしを見ることによって、あっそうか、この子はこういうように主張してしまうからこういうふうに気落ちするのだなと予測できることで、それを個に返して、つまり個別の支援ができます。今回はあなたがんばったなと、私はいわば心理的に抱きしめます。そのうえで、自分の言いたいことをよく言えたけれど、その辺がほかの人にとってはプレッシャーになったかもしれないねと、いいます。要はそれがスキルトレーニングになっているということもあるのです。私はグループディスカッションのなかでうつ伏すというような現象に遭遇したときには、それは次の支援をするときのきっかけだととらえているのです。とくにそういう話しあいのなかで気落ちしやすい学生の参加者に対しては、グループディスカッションでの活動を単なる良し悪しで判断するのではなく、またグループディスカッションの成果を目的とみなすのではなくて、話しあいを出発点として次なる支援にどうつなげていくかという視点で見守ることが大切なのだと思います。

私は一般の授業でもいくらか同じと思っています。大教室のなかでもコミュニケーションが苦手な学生がいますので、うつ伏しているのはしんどいという一つのサインです。一生他人と議論をしないことは難しいと思いますので、そうすると次に何をしていったらいいのかを考えようというかたちで教育者として、フォローすることが、私のなかでの落としどころです。

植村　グループディスカッションを組み込んだ授業には乗れない人も出てくるけれども、乗れないという事実を、次の教育的な配慮や指導、支援につなげていくということでしょうか。

西口　そうですね。ディスカッションを点で考えるのではなく、線でみていく必要があると考えています。だからうつ伏す学生がいたとしても、それをグループディスカッションの失敗ととらえるのではなく、その学生の次なる支援の一つの情報としてみるという視点をもっておく必要があると思っています。

植村　小学校から高等学校までは担任がいて、指導や支援に主導的な役割を果たしますから、ある授業での課題発見をその児童・生徒への支援につなげやすい気がします。大学ですと教育体制がちがうので、そうした連携が難しい印象があります。これから大学の教育体制もそういうところを考えていかなければならないのかなと考えながら聞きました。

伊藤　小中高ですと、コーディネータの先生がいるとか、そういうポジションのサポーターが入ったりしますね。大学もそういう動きは出てきているのですが。教師ももちろん、西口さんのような力のある人だとできるでしょうね。

植村　西口さんは、いま大学の学生相談室長で、その人が授業をやっているわけですものね。授業を受け持ちながら、課題をもった学生に対して相談も受けるという役割を担っておられることになりますね。

西口　まあ、いい面も悪い面もあります。

伊藤　現在の所属に変わってこういう経験がありました。ＴＡ（teaching assistant）さんに授業に入ってもらい、そのＴＡさんがうまく学生に声をかけたら意外にその子が話しあいに入りだしたのです。ああ、こういうケースもあるのだなと思いました。大学院生のＴＡだったからわりとすっと学生が話しあいに入ろうとしたと思います。教員でも同級生でもない。自分と同じ立場の同級生からの声かけだったら、話しあいに入れなかったかもしれません。ちょっと年上の、大学教員と自分とのあいだくらいの、こういうポジションにいる人がなんだか上手に支えてくれるんだなあと感じました。ほんとうは学生がお互いに声をかけあってほしい気がしていて、助ける側のスキルトレーニングではないけれども、どのようにヘルプしていけるか、ヘルプシーキングの逆という、ヘルプギビングというようなスキルをつけてほしいです。

植村　それは、一種のピアサポートかもしれませんね。

伊藤　そう、ピアサポートです。実践でもっと取り入れてやっていきたいです。

植村　話しあいに入れなくて困っている人を見たときに、「参加してくれないな」、「しかたがないな」と見ているのではなく、加わりやすくなるように上手に声をかけるとかできるようになるといいですね。ただ、これを学生に要求するのは難しい気もします。

伊藤　なかなかこう、難しくはありますね。

西口　ＴＡのようななめからの立場だからうまくいったのでしょう。そういうのも重要なやり方の一つかもしれません。大教室のなかでグループディスカッションを取り入れる際に目的を明確にしてしかけがうまくいけば、八割九割の学生は円滑に、きちんと目的に向かって動いていきます。ただ、一割かそれに満たない、乗ってこない学生に対して、どうフォローしていくのかを意識するのも大切です。

これは特別支援教育のあり方にもかかわっているといえるかもしれません。たとえば、小中学校や高等学校であれば通級指導の生徒に対する主体的で対話的な深い学びを考えることにつながっていくのかもしれません。そういえば、小中学校の授業でしたら補助の先生がいます。もしかしたら大学版の授業としては、補助の先生に替わるようなＴＡという存在は大きなものかもしれません。

植村　そうですね。これから大学にも補助的な役割の人が必要かもしれません。グループディスカッションを授業に組み込んでいくと、これま

での授業形態では浮かびあがってこなかった問題が顕在化してきます。そうした場面で困っている学生を、グループディスカッションだけではなくて大学生活にどのようになじませていくかを考えると、補助的な役割のTAの院生に研修を受けさせたうえで、授業に入ってもらうことも必要になるという感じはします。

授業構成の工夫——振り返りのもち方

植村　ところで、伊藤さんの授業では具体的にどのような構成をとられているのですか。もう少し具体的に教えていただけますか。

伊藤　説明しますね。自分が、最近、行っている授業方法の一つとしては、九〇分を三〇分、三〇分、三〇分の三つのセッションに区切って、講義をして対話を取り入れてレポートをまとめるというようなそういう小さいセッションを入れて、リズムと意識のコントロールが続いて集中が切れないような手立てや工夫を講じています。二〇分ほどで、あとで振り返りのできるような内容のテーマの教授を行い、その後、五分程度で話しあいをして、五分ほどで講義内レポートというのをまとめてもらっています。

植村　講義内レポートをまとめるのは、講義の最後で、ですか？

伊藤　三セッションの三つで、です。

植村　三セッションの三つですか。なるほど。

伊藤　それぞれのセッションの最後に計三回取り入れているのですけれども、講義、対話、レポート論述という、それが一セッションになっていまして、二〇分、五分、五分とか。そこで自己調整でいうリフレクションというのが、ぼくはキーワードになってくるのかなあと思っています。

ムーン（Moon, 2004）という研究者がリフレクションの深さには四つの水準があると言っています（注＊1）。単に振り返っているだけというのが最も浅い水準です。第二の水準が、描写的な振り返りで、学んだ概念などをおさえて、自分なりの考察がなされている、というものです。第三の水準は、対話的な振り返りとよばれ、第三者からみたらどうか、反対意見の人からみたらどうかとか、そういう対話的な視点が考察のなかに入ってくる段階です。第四の水準が最も深いもので、クリティカルな振り返りです。考察しているテーマについて、それを現実社会に向けたときにはどういう解決法があるかとか、もっと多様な包括的な見方はできないか、といったことですね。四つの水準をふまえて、振り返りを促す問いをどのように投げかけるかということを考えるのですが、その手がかりがグループディスカッションのなかにあるのですけれども。

植村　伊藤さんの振り返りのお話は、思考の深まりにかかわっている気がします。みんなまじめにやっているのだけれども、議論のレベルが思考的にあと一歩深まらないということは少なからずあります。それで、伊藤さんの授業における三つ目の活動についてもう少し知りたいのですが、ミニレポートをつくるのはグループ単位ですか。それとも個人ですか。

伊藤　個人ですね。

植村　個人がそうやってレポートを書いているときに、「ちがう人の視点に立つとどうですか」みたいに声をかけるということですか。

伊藤　そうです。パワーポイントでこういう視点がありますと示して、一つ前の対話の話しあいのところではこういうテーマでと、いまの視点を入れたりします。振り返りのところにつながる少しこういう視点で考えてみてくださいという問いかけのところと、ワークシートの振り返り。

植村　なるほど、対話中にもヒントやきっかけになるものを出し、最後に個人単位で振り返りやレポートを書くときにもパワーポイントでそういったキーワードはあげるのですね。

伊藤　はい。こういう視点でまとめてくださいと。

植村　それでも深さについて、個人差およびグループ差は出てくるのでしょうね。

伊藤　できるだけ全体としては深い理解にもっていきたいですが。

植村　僕は、一年生対象の授業では、待機児童や、日本の子どもの自尊感情などのデータを提示して、どうしたらいいだろうかといったことをグループ単位で考えさせたりします。そういう状況でよく学生から出てくるのが、たとえば、待機児童の問題であれば、もっと政府がお金を使って保育所を増やすべきだというような意見です。確かに保育サービスの利用者の視点に立つと、そうかもしれません。でも、またちがう視点で考えることもできます。国家全体の財政状況の問題があるし、費用対効果の問題もあります。グループでの話しあいのなかで、こうした別の視点にも気づいていってほしいと思うのですが、なかなかそこまでいきつきません。机のあいだをめぐりながら、社会全体の視点に立つとどうですか、というようなことをマイクで言ったりします。それでも、そういう異なる視点からの議論に進むグループもあれば、やはりなかなか到達しないまま終わってしまうグループもあります。グループディスカッションをやっても、自分の既有の知識や感情を確かめるだけで終わってしまったような印象のグループがあったりすると、同じ九〇分授業でも学生が得たものにはかなりばらつきがあるように感じます。そういう理解を深めるという視点でいうと、西口さんはいかがですか。

西口　テーマが何かによりますけれども、深まっているかどうかを把握する目安としては、視点の多様性がいえるでしょう。待機児童のことでも、子どもの立場とか国の立場やもっとそのあいだの家庭、行政の立場で考えられているかどうかです。学校教育でいえば道徳や社会科の多面的多角的な視点でものごとをとらえられているかどうかです。どれだけ理解が深まっているかについては、最後に学生たちが個に返って、さきほどの指定席券の裏面にレポートさせることにしています。グループディスカッションを授業で導入しても、やはり最終的には自分の問題として向き合ってもらうためです。伊藤さんの話を聞いてレポートを取り入れている点は同じだと思いました。

伊藤　やはり個が、どれだけ学びを深められるのかですよね。

西口　そこを抜きにしてしまうと、グループディスカッションへの責任をもたせることにもつながらないわけではないですか。最終的に自分の課題だということにしたうえでのグループディスカッションの課題設定をしているので、グループディスカッションの機会に何かお土産を持って帰らなければならないのです。

伊藤　西口さんが講義で課しているレポートは、分量としてはどのくらいですか。

西口　分量でいうと五分で書けるだけの量です。できるだけ箇条書きでもいいから、自分で見解を最終的にまとめてくださいといいます。少なくともグループの見解だけではなかなか多様性が出てこないので、全体のシェアリングの時間を可能であればとります。つまりグループでの見解をグループのメンバーの一人に、黒板に書かせ報告させるわけです。そのため、あらかじめ彼らにはグループのなかで出てきた見解から最低限三つ、ベスト三つみたいなものをあげなさいとか、いくつかの制約をしながら時間的な枠のなかで報告させるように指示しておきます。だから、四十班いるようなところでしたら大教室で四面ある黒板を用いてそれぞれ十分割した黒板に書かせます。それで自分の班になかった視点に気づきを感じてもらいます。あえてこういう視点もある、ああいう視点もあるということは示しません。そうしてしまうと教師が何か引き出してくれると学生に思わせてしまう。

伊藤　それでは、学生は正解を探すことになってしまうからですね。

西口　どうしても私が学生たちに聞いてもらいたいことがあるとすれば、その次の週の導入で話します。

伊藤　でも、どうやって広がるのですか。いろんなものを出させるプロモーションというか。そこはどういうふうに。さっきの植村さんの指摘ではないですけれどもいろんな視点がたくさん出てくるようなしくみはありますか。

西口　それは課題の段階でこの問題に対して考えられる視点を最低三つあげなさいとしています。

伊藤　数でいいのですか。

西口　数を示すのです。そうすると多様な数の意見をあげなくてはならなくなります。要は多様性という条件に縛られますので、それに基づいて目的に向かって、考えなくてはなりません。つまり課題設定にともなう制約によって、ある程度多様な見解を引き出さざるを得なくするようにしています。

伊藤　全体で共有するのは、ひとつのいいやり方ですね。ときどき独りよがりになっていく学生がいたりして、ぼくが時々行うのは、グループのなかの意見には下線を引いて、それらを記述のなかに入れながら自分の考えをまとめてみてくださいというものです。レポートをまとめるスタイルとして、そこに対話性を取り入れています。だけどそれは全体では共有されないわけで、そういう限界はあります。グループの意見を取り込んだり、自分が伝えたいことがそれで保障されたり、あとでレポートにするということはできます。

西口　そのレポートのなかにおもしろい視点が出てきたら、次の週に紹介すればいいのではないですか。

伊藤　それはおっしゃるとおりです。

議論を深めることができる背景

植村　さっきの話に戻りますが、西口さんは課題を出して、三つほどの視点をあげることを求めるわけですよね。その際に、こういう視点がある、ああいう視点がある、とはあえて言わずに、学生に書かせるということでした。そうすると、どうしても内容が浅い段階で留まることはないのですか。

西口　十分にあります。ただ、こちらが視点を提示したからといってそこから出てきた学生の見解が深いのかといえば、疑問です。むしろ、いまあなたたちがもっている知識で出せる多様な見解はそこまでだとある程度、気づいてもらえればと思います。次の週にこんな視点もあるよ、あんな視点もあるよと提示して気づいてもらい、それをきっかけにいままでの自分たちにはこの問題を究明していくには足りないということに気づいてもらいます。

植村　翌週、みんなが「そうかあ！」って、なるのかなあ。

西口　これは、理想論かもしれないですけれどもね。そこは、私はあんまり妥協したくないのですよね。

植村　わかりました。

伊藤　ぼくが思うのは、雑談がどうかということを動機づけ調整という視点で第二章に書かせてもらったのですが、ある程度の雑談やゆるみがあって、そのあとどうなるかが、たぶん大事なのです。ずーっと頭を突き合わせる状態よりも、少し長い視点でみると雑談やゆるみがありつつまた議論に入っていくという流れがあるというのでしょうか。ぼくはグループディスカッションを取り入れるようになって最初のころは雑談を気にしていました。余計なことをしゃべっている学生が気になった時期があったのですが、ある程度そういうものでもあったほうが、長い目でみたらモチベーションになる気がします。

植村　ぼくも、それはいいと思いますよ。

伊藤　もっと創造的なことが出てきたりする面もありますから。

植村　それこそ、お茶とお菓子があったほうが、話が弾むということはありますよね。

伊藤　そういう感じですよね。難しいですね。

植村　雑談すら出てこないほうが、むしろあまりいいアイデアが出てこない気はしますね。

西口　それはグループの関係性が左右するのでしょうね。それこそ半期間同じグループで、同じ釜の飯で話しあいをすることになりましたら、そういうコーナーもコミュニケーションのなかに入れ込むのは、ある意味、軟の部分が潤滑油みたいなものになるのでしょうね。グループディスカッションを重ねることの時間的な制約やさまざまな条件によって雑談の意義や効能が左右されてくるところはあります。

植村　話し合うことに対して防衛的になるのは、グループディスカッションにとってよくないと思います。そういう意味では評価の使い方には、難しい面がありそうです。評価がなければ、緊張感が出ないし、モチベーションも低下するでしょう。でも、ずっと見られ続けている、たとえば就職面接といった状況では、下手なことをいうとマイナスになるという思考がはたらきます。すなわち防衛的になってしまうので、雑談も出てくることはあまりないでしょうね。アイデアの自由度もそれだけ下がってしまいそうな気がします。バランスのよい緊張感が保てるポイントを見つけたいところです。個人的には、伊藤さんがさっきおっしゃっていたように雑談が出てくる雰囲気のほうが、いいかなあと思ってみていますね。

西口　いまの話を別の視点からいうならば、雑談がしっかりとグループディスカッションの目的につながるような関係性ができているというのは、ある意味お互いがグループディスカッションの活動を通じて目的に向かって向き合える文化が醸成されているということなのかなと思っているのです。私自身、グループディスカッションを授業で行ったり、中学校でも学びあいの授業づくりにかかわったりしてはいますが、そこで拠り所にしているのは協同学習の理論です。協同学習の理論もいろいろありますけれども、第四章で書いたジョンソン兄弟の五つの要素（注＊2）の、一番上にきているのが促進的な相互依存関係なのです。言い換えると、自分がまわりのメンバーのためにまわりが自分のためにという、お互いが課題に向き合っていける状態であれば、雑談はいい肥やしになります。ところが、かならずしもそういう文化が成り立っていないなかでの雑談は果たしてどういう意味をもちうるか。授業者の立場からはコントロールが必要になってきます。生徒観をみて授業をつくる必要性を私もすごく意識していますが、学生がしっかりと雑談をも肥やしにしながらきちんとディスカッションを通して目的に向けて話しあいができている状態なのか、そうでなくて、まだまだそういう文化が形成されていない状態なのかを見極めたうえで、雑談の是非、つまり効能あるいはマイナスになっている点を評価する必要がありそうです。

植村　なかなか難しいですね。

伊藤　文化ですか。

西口　いや、難しいのです。文化はかならずしも顕在化している部分ではないものですから。

植村　たとえば、小学校や中学校での授業で、子どもがグループを組んで課題をやってみようというときに、雑談している様子を見た先生が、こっちのグループはみんな同じ方向に向かおうという文化ができているからいいぞ、あっちのグループはただの雑談だぞ、などという判断が必要ということになると、ちょっと難しいですよね。

西口　私は、最初はコントロールが必要だと思っています。

伊藤　教師目線だとそうですね。

西口　そもそもいきなり人が集まったところで、話しあいなど起こり得

ないというある程度クールな見方で、学校現場はグループディスカッションを導入していくというくらいの厳しさが必要です。それこそ人が集まれば、社会的手抜きが起こるものだと割り切る、あるいはもっと広い意味で社会的抑制が起こって社会的促進なんてまずありえないという地点に立ってみる。最初はある程度文化をつくるための種まきとして私はもっと一人ひとりが話しあいに責任をもつように先生が推進していかなければ、子どもたちが話しあいの値打ちすら感じないままにそっぽを向いてしまうことになりうると思います。

植村　まず、評価をひとつの方法として使いながら子どもたちにこの課題にグループで向かわなければならないという責任感をもたせる。実践を反復するなかで、目的が共有されるようになった段階で、もう少し話しあいの自由度を高めて、独自の発想が出てくるようにするのがいい、といったことですか。

西口　自由な発想が必要な課題でも十分対応できるようなグループができてくると考えていますね。でも、中学校や小学校の先生方が、子どもたちをグループにしたところで話し合わないという現実に圧倒されてしまって、もう自分が教えたほうがましだというような感じになっていたことも、実のところ垣間見ています。生徒たちの学びあいを推進する教育委員会の指導主事の人が、そういう先生方の様子に対して懸念しているのを聞いたこともあります。

伊藤　発達段階というのは、すごく関係するのですか。

西口　グループの発達段階はあるでしょうね。

伊藤　それに、年齢の発達段階はどうですか。

西口　年齢の発達段階もあるでしょうね。

伊藤　そこをまずつくっていかないと、というのもあります。でもある程度、年齢段階が上がると雑談が潤滑油になって、そこから双方向に人間関係ができてラポールがつくられつつ学びあいが深まっていくような……。

植村　大人同士だったらそうかなという気がしますね。

伊藤　そうそう、先に人間関係ができるというような面もあります。

西口　そういう気がします。

伊藤　難しいですね。教育場面の学校段階を考えたらそれはわかります。学習規律（注＊3）とかね。先生がそういうクラスの規律を考えてからでしょうか。

西口　学生ではそうですね。学習規律が一番ですね。そこから出発していかないと自立性は生まれてこないでしょう。

伊藤　文化とまでいえないとしても、グループディスカッションを取り入れるときには、オリエンテーションの部分で、どういう意義があるかについて、ていねいに話しますね。学生の姿勢をつくるというか、グループディスカッションをすることが心理学的にどういうことなのか説明します。とくに強調するのは、メタ認知が促されるとか、お互いの思考が視覚化されて学びが深くなるといったことです。そして、ミラーリングやチューニング、傾聴など、カウンセリングの技法についても、その意義を強調して話すようにしています。相手の言葉をそのまま受けとめて返すミラーリングを行うことで、相手の思考が見えやすくなり、パートナーはそれを聴いて、自己理解を深めるきっかけとなります。たとえるなら、ミラー、つまり、鏡を見ているような様子となり、波のように、お互いの間を跳ね返っていくような、そんな状況ができあがって、そして、そこに傾聴とか共感というのをできるだけ乗せてもらうようにして……。そうすると相手を尊重していくというのかな。できるだけ前向きなかたちでグループディスカッションが行われる雰囲気ができあがっていきます。

こうしたことを念頭に、心理学系の授業の初回には、メタ認知や傾聴、共感などのキーワードを伝えて、簡単なワークを入れるようにしています。授業の一回目には、中身には入らずに、お互いの自己紹介をします。だから雑談のようなことに半ば近くなったりはするのですが、意義を理解してもらうことを意図して、自己紹介をしあってもらいます。

植村　アイスブレイクみたいな。

伊藤　そうそうそう、アイスブレイク。相手への関心とか。それを伝えあいます。メンバーもまた何回かしたら変わっていくんですけれどもね。

西口　技術というのはもちろん必要でしょうね。運動の技術を向上させるにも基礎的な技術が培われていないことには、次のステップにはいかないです。だからコミュニケーションについても、技能学習の側面に留意する必要はあるといえて、技術を積極的に積み上げ技能を高めていくのは必要です。

伊藤　グループディスカッションそのもののスキルとかね。

学生の教養の深さと広さ

西口　どういう技術を積み上げていくかにも発達段階があるでしょう。たとえば小学生の子どもであれば、まずは一メートル先の友だちに対して、どれだけの声の大きさならいいとか。そういうところから始まると思うのです。大学生にはそういうトレーニングはいらないですからね。

植村　そうですね。だから技術的な面、そういう一種の思考方法とか、コミュニケーションの取り方といった技術がグループディスカッションを深めていくうえでの前提として必要なのはよくわかります。加えて、学生個々のもっている教養もすごく大事だとよく感じます。たとえば故事成語とか。いまの若い学生は若い学生なりの教養や常識のあり方があるのかもしれないのですが、ぼくから見ていると普通に共有されているると思っていることわざなどが、ぼくとはうまく共有できなかったりします。たとえば、「船頭多くして船山に上る」、といっても学生が全然知らなかったりします。

ことわざを知らなくてもいいですけれども、「そういうことはあるよね」という日常生活のなかでの気づきとか、文学作品とか、映画とか、いろいろな芸術作品などから得てきたものがあると、ものの見方が多角的になる気がします。そういう教養の深さや量も、大切だろうなと思います。グループディスカッションであれば、そうした教養があると興味関心も高くなりがちでしょうし、いろいろな見方が可能になりますから、話しあいの深まりには教養も大事なのだとよく思います。

西口　そうでしょうね。話しあいのきっかけにしても基本的な知識がなければ話にならないですよね。私はグループディスカッション中には極力私の視点は出さないようにするのですが、話し合う前段階としてこれは最低限知っておいたほうがいいという基礎知識はまずレクチャーします。そのときに意識しているのは、極力私はしゃべりすぎない、ということ。それで講義とともに資料を配布して、グループディスカッションのヒントになるような情報提供をするようにはしています。本来は、もっているバックグラウンドや教養を活かして、テーマにすぐ臨んでもらうのが望ましいのですけれども、実のところ情報を出さないわけにはいかない。ただ、それはディスカッションの答えを出すのではなくて、前提として知っておかなくては困るという情報を出すことが必要だと思っています。それが教養を補っていることなのかどうかはわかりませんが、ある程度の知識がないことには、グループディスカッションは深まりようがありません。

植村　大学教育の意義のひとつは、専門だけでなく幅広く知識や教養を身につけることだと思います。教養は大学を卒業してからも求められる

ものですし、もちあわせていなければそれこそグループディスカッションするのも難しいものです。できるだけ多くの社会人にもっていてほしいものです。でも、いま授業選択が学生側の裁量にゆだねられる方向で自由化されてしまい、学生は幅広い領域で授業をとりたがらないという状況がある気がします。

伊藤　そういえば、結構かたよっているかもしれませんね。

植村　そうです。これはあまりよくないなあと見ていて思いますね。

自己評価と相互評価それぞれの効果

伊藤　西口さん、評価の工夫について、ひとつご紹介いただけませんか。グループディスカッションの過程をとらえる工夫とかありませんでしょうか。

西口　そうですね。

伊藤　やりとりの過程を評価しないのですか。

西口　相互評価を入れるときはあります。学生のグループの質をふまえて、実は入れるときと入れないときがあるのですが。評価に組み込むときは、出席カードの裏側のレポートを書く欄の一番下の余白部分に、自分やほかのメンバーの話しあいへの貢献度を三点から〇点までで評価させるのです。学生には「あなたたちが採点した授業への貢献度はほかの三人が採点した貢献度もふまえて平均化するけれども、ただ、これはかならずしもあなたたちが相手に〇点をつけたからといって、一〇〇点満点の機会を失うかたちの評価ではない」といいます。単位取得のための成績がぎりぎりの学生に対して、積極的参加つまり別の学生の三回いいねを押したというポイントで少し救済されるというものです。積極的参加という評価規準の視点からある程度加味できるというようなかたちで得点を加えることはあるけれども、ある学生に対してあなたが〇点の評価をつけたからといって、別の機会でその学生は加点されるチャンスがあるので、総得点で一〇〇点満点になる機会を失うことはないから、そこは安心してということです。

植村　加点要素にしか使わないということですね。

西口　そういうことです。だから万一、あなたが三点をつけた学生が、ほかのパフォーマンスもすばらしければ数字の上では一〇〇点の上限を超えることもあるかもしれないけれども。

植村　上限は一〇〇点である。

西口　シラバスには評価規準として、積極的参加のあり方を評価全体の二〇パーセントと書いているのです。その内訳のなかでその三点というのも加味します。割と学生たちが安心して評価してくれます。

植村　学生にとっては、評価が行われるので手が抜けない、ということになるものですか。

西口　学生がグループディスカッションの発言に対して、低調なあるいはさっき言ったような文化が形成されていないなかでは話しあいをしたところで対話も生まれないし、深まりも生じないということは十分にあり得ます。それに対する予防策として、しっかりと自分の学び、あるいは他人の学びに対して責任をもとうというメッセージとして、導入している制度です。学生が十分に自律的に話し合える、文化とまではいかなくても少なくとも相互評価の必要はないという判断が下せる場合には、あえて相互評価は入れません。

伊藤　入れなくてもいいですね。難しいです。自分もミニレポートを毎回三つ分書かせるのですけれど、四行ずつぐらいを三セッション分。一番下に三項目程度の相互評価の欄を入れておくこともあります。ただ、自分がよくやる好みのやり方は、やはり自己評価です。相互評価をするのは難しいです。自己評価のなかにインタラクティブな要素というのか自分から相手に伝えたりとか、おもしろい意見を引き出せたりとか、少しグループディスカッションのかかわりにあたる項目を自己評価させます。傾聴できたとか、共感とか。そうした自己評価の欄をある程度何回かの授業で変えていき、それ自体がメッセージにもなるように。欄内にあるスキルに気をつけつつ、メンバーとかかわってくださいというメッセージになるようにしています。けれども、自分は成績に反映する評価としては、あまり重視していないという面があります。

西口　要はそれこそ伊藤さんのご専門である自己調整学習のためのひとつのしかけとされているのでしょうか。

伊藤　そうです。学生どうしがインタラクティブになるように、メッセージ性を込めています。あくまで自己評価です。

西口　中学校で学びあいの授業を推進しているときには、私も振り返りのときに自己評価をする意義をかなり強調しています。やはりそれがメタ認知能力をはぐくんで、次なる学びあいの機会にその振り返りを活かせることが期待できると思うのです。

伊藤　私の場合、一回の授業でレポートを三回書いてもらうので、時系列で学習の流れがみられます。学習の初めのところで集中して取り組めていないと、やはりレポートの内容は浅いものになってしまいます。そして、個人で取り組むことの限界も出てくることがあります。ですので、思考が中心になりますが、たとえば、相手の意見について下線を引いて区別しながら、自分のレポートの考察のなかに入れるようにと、学生に求めます。そうすると、こうした意識がグループディスカッションへも反映されてくるようになります。これはある種の自己調整のサイクルです。レポートとしては、やはり、その中身が時系列にそって三回とも、しっかりと質的に深いものが書かれているかどうかが大事です。

植村　三回でそうやって一覧できるというのはすごくいいですね。

伊藤　ありがとうございます。

西口　まさにポートフォリオですね。

伊藤・植村　そうそう、そうそう。

植村　そうですね。それを一人ずつファイリングしていけば、ポートフォリオになりますね。

伊藤　そうですね。

西口　そういえば、自己評価と他者評価は、少し機能がちがいますね。自己評価は自分の学びのスキルをつけるため。他者評価はどちらかというと私の授業での場合、責任を課すためですよ。

植村　「見られているよ」ということですね。

西口　意味合いとしてはそうですね。かなり。

伊藤　巧みな感じで。

植村　西口さんのやり方をぼくも前に聞いて、おもしろいなと思いました。でも学生にとって、相互評価というのは抵抗感があるように最初思っていました。一度、ある授業で導入してみたんです。「えーっ、そんなことするんですか」といい出す学生も出てくるかなと思ったのですが、意外に抵抗なくやってくれました。ただ、やってみると、だれにでもいい評価しかつけない人が出てきたり、そうかと思えばものすごくメリハリをつけて評価する人もいたりします。同じグループの人が、自分にどんな点をつけるかわからないから、それによって「がんばろう」という気持ちに結びつくのかなと思っていたのですが、それについては今ひとつよくわからない感じでした。

西口　私の感触としては、積極的な学生をより積極的にする手立てではなくて、積極的でない学生を土俵にあげるための手立てというとらえ方

をしていますね。

植村　それがなかったらどうですか。

西口　それがなかったらディスカッションが機能しない。

植村　コミットしないような人への対策ということですか。

西口　そうです。話しあいに積極的でない人をどうするかということがあって、ただ、参加者がみな積極的であれば相互評価はいらないと考えているのですよ。

植村　なるほど。そういうモチベーションを維持する役割も相互評価にはあるわけですね。伊藤さんが取り入れられている自己評価については、ディスカッションによる学習プロセスを振り返ることで、個人の思考を深め、教員はその提出物から受講者の思考の深まりを確認するという意味があるわけですね。使い方しだいでいろいろな意味合いをもたせられますね。

グループディスカッションを通して学生に期待するもの

西口　教員の立場からグループディスカッションを授業に取り入れる際に思うことですが、できるかぎり教員がかかわらないで、だけど学生たちは積極的にコミュニケーションを深いかたちでやってくれて、目標をグループのなかの話しあいで達成できていけるようなかたちをめざしたいですね。教員はつい授業でインストラクションしたくなる部分があると思うのです。なお、ファシリテータとして教員がふるまう必要があるのではないかという考え方もよく知られています。ただ、私に関しては、ファシリテータでは違和感があるのです。ファシリテータでは授業中に先生が汗をかいているというイメージが、どうしてもぬぐえません。むしろ授業の計画段階で、しっかりと心の汗といいますか、授業の準備段階で汗をかいていたいです。

伊藤　体の汗をかくのではなく、心の汗をかく？

植村・伊藤　ははは、ははは。

西口　ともかく授業で、インストラクタではなく、ファシリテータでもなく、コーディネータをめざしたいという気持ちは強くあります。授業の計画段階で、このように心理学の知見を駆使すれば、学生たちがいわゆる時計じかけのように自動的に動くというような制度とかシステムをつくって、最初の授業の導入でこういう課題で話し合ってくださいといって、資料はここにあるぞと示して、これは調べてもいいから、あとはもう話し合ってそれで最終的に自分たちのゴールに向かうというような感じで授業ができればいいなといま理想として思っています。ただ、それにはいろいろなしかけをどう用意するかがあり、まだまだ道半ばです。今日はそれをお話しているなかであらためてヒントを得られたと思いました。

植村　集団浅慮の考え方からすると、そうした対等で、自由な話しあい方はいい気がします。一定の立場をとったリーダーシップをだれかがとると、意見が出にくい雰囲気になり、反対意見が抑制される状況が出てきます。いま西口さんがおっしゃったように、グループディスカッションはみんなが自由に、非防衛的に進んでいくのが、主体的な学びという意味でも効果的なのだろうなあと思います。ただ、反面、西口さんがご指摘されたように、それをできるようにするのは、なかなか難しいことですよね。

西口　かならずしも一つのやり方があるのではなくて、ここはずしてはならないという原則とか要所はありそうな気がします。具体的な一つひとつの授業づくりでは、課題も向き合う学生もちがいます。それに応じて授業づくりをする必要がありそうです。それが、案外簡単なようで難しい面もあり、教育者としてやりがいがある部分なのかもしれません。

伊藤　動機づけの面からいえば、自律性支援という言葉がキーワードになって、もうお二人が話しているとおりです。自律性がはぐくまれるのをどのようにサポートしていけるかです。私としては、学生が人に動機づけられる存在ではなく、自分自身を動機づけることができる力を高めていってほしいと日々感じているところです。グループディスカッションという話しあい、学びあい、かかわりあいのなかで自分の学びを調整し、自分の動機づけも調整できる力をまず高めてほしいです。そういうことがまずあって、さらに人の学びも高めていける、すごく高度な力なのですが人の学びを助けて引き出していけるような力が、学生のなかに育ってほしいです。

これは、社会に出たあと、実際のいろいろな職場や社会的場面で、必要となる力です。職場の学習論（注＊4）という職場でいかに人が学んでいるかを研究されている中原淳先生という方がいらっしゃるのですけれども、その方が組織のなかでのグループワークの大事なことの一つに内省を支援する、リフレクションを支援する、ということを示唆しておられます。そこで取り上げられているのは、自分の内省ではなくて、コワーカーの内省です。同僚や部下の内省を助けていけることが、組織のなかで学ぶこと、成長することを支えている重要なものだということです。そういう知見に共感するようなことがあり、自分のなかで大事にしたいと思うことは、社会に出てからのつながっていく力を学生にはグループディスカッションを通して養ってほしいということです。それ自体が、目的にもなるし手段にもなるというのでしょうか。そんなことを考えているところですね。

――そろそろ時間となりました。今日はありがとうございました。

（了）

注

＊1　**リフレクションの４水準**　下の表を参照。

＊2　**ジョンソン兄弟の（提唱する協同学習の）五つの要素**　協同学習に関する理論の代表的なもののひとつとされており、グループディスカッションを学習場面で活用するにあたり注目しうる考え方である。

Johnson, D. W., Johnson, R. T. & Holubec, E. J. (1990). *Circle of learning.* Edina, Minnesota: Interaction Book Company. 杉江修治・石田裕久・伊藤康児・伊藤　篤（訳）(1998). 学習の輪――アメリカの協同学習入門　二瓶社

＊3　**学習規律**　主に小・中学校における実践の現場で使われる教育用語。子どもたちが授業に主体的に参加するための姿勢ややり方についてのルールのことで、授業前の準備や、ノートのとり方、発表の仕方、聴く姿勢など、具体的な学習行動について共有が図られる。

＊4　**職場の学習論**　次の文献を参照されたい。中原　淳・金井壽宏 (2009). リフレクティブ・マネジャー――一流はつねに内省する　光文社／中原　淳 (2010). 職場学習論――仕事の学びを科学する　東京大学出版会

表　リフレクションの深さの４水準（Moon, 2004 をもとに伊藤が作成）

リフレクションの深さ	振り返りとして記述された内容の基準
単なる振り返り	単なる感想や、学習内容をそのまま記述するにとどまっている。
描写的な振り返り	学習内容をふまえて、自分なりの考察が加わっている。
対話的な振り返り	2つ以上の視点から客観的な振り返りがなされている。 たとえば､対立する立場からの考えをふまえた考察がなされている。
批判的な振り返り	クリティカルかつ多様な視点から分析的、統合的に考察がなされている。 歴史、文化、社会によって見方が相対化されるという認識にもとづく。

Moon, J. A. (2004). *A handbook of reflective and experiential learning: Theory and practice.* London: Routledge.

あとがき

日常での行動変容を余儀なくされた二〇二〇年の春、似たような状況の方は多かったものと思いますが、私も三か月ほどの間に、オンラインでの会議、研修、授業、集団討論の練習、複数の学生がオンライン上にたまたま居合わせたなかでの相談などを通じて、気づけば本書で扱った四種類の異なる指向のグループディスカッションにかかわりました。新たな生活様式が求められた現在でも、グループディスカッションはわれわれにとって身近でかつ不可欠なコミュニケーションであることを実感しました。そのうえで、そこでのグループディスカッションのもつ特徴について、形式のちがいはあれども基本的な留意点は変わらないことも認識する機会となりました。

一例ですが、私は一〇〇人近い大学の教職課程の受講者を対象とした「オンラインの書き言葉によるグループディスカッション」を企画しました。そのなかで、参加者の知識やその背景となる経験や視点が、グループディスカッションに及ぼす影響をあらためて感じました。「『不登校の定義を見直して、学校に行かなくてもよい』という主張への賛成意見と反対意見として考えられるさまざまな理由を示すこと」といった課題を、授業日の五日前から受講者に公開し、授業当日は「チャットルーム」に集合を求めて課題の確認、情報交換や質疑応答の機会を設け、受講者には個別に箇条書きの回答のアップロードを求めました。その後、受講者たちの回答を私がひとつのファイルに整理し全員に戻して「先日の『不登校の定義を見直して、学校に行かなくてもよい』という意見に対して、あなた自身の最終見解をまとめること」といった追加課題の実施を求めました。この課題は、例年、対面授業で企画するグループディスカッションのテーマをもとにしたものでしたが、興味深かったのは、例年であればほとんどみられない意見が目につしいたことです。「オンライン授業で不登校の生徒を学ばせればよい……」「家にずっといると生活のリズムが乱れるから……」などです。また必ずしも正確に分析していませんが、例年よりも「賛成意見」を支持する最終見解が多かった気もします。今回の新型コロナウイルス感染症拡大にともなう学校の臨時休校に関する話題や大学でのオンライン授業における具体的な経験が、参加者である受講生の回答に明らかに反映していたと思われます。私たちが行う話しあいは、良くも悪くも参加者の知識や経験に大きく影響するということなのでしょう。

さて、オンラインでのグループディスカッションには、独自の長所がありそうなことにも気づきました。この情勢下で「オンライン集団面接」に臨まれた方もいるかもしれませんが、鞄の中からワークシートを取り出さなくても、「画面の外枠」で参加者の話しあいの内容を視覚的に整理するという技術は、うまくすれば積極的に利用できるのではないでしょうか。本書の第四章で紹介したワークシートを、ぜひ見直していただければと思います。

他方でオンラインでのグループディスカッション特有の課題もありそうです。私自身がオンラインでのコミュニケーションを通じてあらためて感じたのは、グループディスカッションが、言葉の意味以外の要素、たとえば、声の抑揚や、身振り手振りや表情、さらには会合自体の雰囲気、空間などによって支えられているということでした。「非言語コミュニケーション」や「コンテクスト（状況）」とよばれるものです。関連して、オンライン特有の「非言語コミュニケーション」の技術もありそうな気がします。対面であれば、相手の目を適度に見て話すことは大切ですが、オンラインでは、明らかに「カメラ目線」がポイントになることでしょう。グループディスカッションにおける言葉の意味以外の影響について、とくにオンラインと対面との比較から、深く知ることには意義がありそうです。

コロナ禍が収束するときは、いつかかならずやってくることでしょう。そのころには、グループディスカッションが、これまで以上に参加者との物理的な距離に関係なく、相互に潤いをもたらすコミュニケーションであり続けていることを期待しています。

西口利文

二〇一七年三月、広島市で行われた発達心理学会において西口さん、金子書房の渡部さんと立ち話をしたところから、この本の企画は始まりました。伊藤さんの合流後、それこそグループディスカッションを断続的に行った結果、企画のテーマは「アクティブ・ラーニング」と密接に関連する「グループディスカッション」ということに決まりました。

本書執筆者の西口さん、伊藤さん、そして私は、同年齢で、ほぼ同じ時期を、研究室は別だったものの同じ名古屋大学大学院で過ごした旧知の間柄です。とはいえ、研究分野も現在の所属大学も異なりますので、こうして一緒に本を執筆する機会がやってこようとは、上記の二〇一七年三月までは考えてもいませんでした。「このメンバーで一緒に仕事するなんて、めずらしい機会やし、おもしろそうやん」という割と気楽なとらえ方で参加することになりましたが、書くこと自体はかなり骨の折れる作業で、思ったようには筆は進みませんでした。そうした心許ない状況でしたが、仲間の存在に強く支えられ、とにもかくにも、なんとかやりとげることができました。これは本書第三章で説明した「社会的促進」に似た現象が生じたのかもしれません。それと同時に、グループディスカッションをしながら、一つひとつ課題を乗り越えていく作業は、学ぶことが多い、そして共同作業の楽しさを味わえる経験でした。本書がリレーのバトンのような役割を担い、私たちのグループディスカッションが、読者のみなさんのグループディスカッションにつながっていくことができたら、執筆者の一人として、こんなにうれしいことはありません。

今回、担当箇所執筆にあたって、東筑紫短期大学の釘原直樹教授には、お忙しいなか、とても的確なコメントをいただきました。福岡教育大学キャリア支援室・就職支援コーディネーターの渡邊真由美さんには、就職試験にかかわる資料を提供していただきました。私が担当しているゼミナールの学生諸氏には、この本の出版企画を話したところ、おおいにポジティブな反応をいただきました。たいへんうれしく、やる気が高揚しました。

ご支援をくださったみなさまに、ここに記して感謝の念を表したいと思います。

植村善太郎

本書を執筆している最中に、COVID–19のパンデミックによって、私たちの生活様式は一変してしまいました。世界の大学ではすべての授業がオンラインで実施されてきており、教育のスタイルも新しいかたちを模索するようになっています。多くの職場において、テレワークが推奨され、研修や会議なども同じようにオンラインで行われてきています。本書のテーマであるグループディスカッションは、新たな局面に入ったといえるのかもしれません。

いま、大学でのオンライン授業にあたっては、学生の通信環境はさまざまであるため、「データダイエット」に努めることが求められています。通信量をできるだけ小さくしたうえで、教育効果を最大にする試みが進められてきています。動画によってライブでやりとりを行う部分を明確に区切り、位置づけるデザインによって、グループディスカッションの機会はかぎられたものになってきているのではないでしょうか。ポジティブにみれば、これによって、必要な情報だけが交換される、一切むだのない、効率的なディスカッションが実現できるのかもしれません。しかし一方で、余剰だとみなされるやりとりのなかに、たとえば、雑談のなかから、クリエイティブなアイデアが飛び出したり、とても印象深い、モチベーションの源となるようなエピソードが生まれたりする可能性もありえます。現在のところ、オンラインとオフラインとでは、求められている自己調整や社会的な調整の方向性は、大きく異なっているように感じます。今後の検証が待たれる研究テーマだと考えています。

本書の執筆の機会は、自らの研究アプローチをとらえなおす契機となりました。学部を卒業して大学院に進学し、Bandura の社会的認知理論と Deci の自己決定理論に出会い、それ以来、自分自身の研究テーマのグランドセオリーとしてこれらを位置づけて研究を進めてきました。第二章では、Bandura の理論を自己調整学習の理論として展開し、発展させた Zimmerman の考えに依拠しつつ議論をさせていただきました。社会的認知理論には、字義通り、すでに社会という視点が入っていますが、とりわけ自己に焦点を向けることで、社会を包摂するアプローチをとってきたつもりです。そして、名古屋大学大学院教授中谷素之さんとの共編著として、二〇一三年に『ピア・ラーニング』を金子書房から出版いたしました。その際、社会構成主義の影響を受けた「社会的に共有された調整」にも理論の射程を拡張し、社会そのものをも焦点におさめるアプローチに自らの関心が広がっていきました。グループディスカッションを一つの切り口とすることで、学びの主体性と社会性をさらに統合的にとらえていく可能性について、認識を新たにしたところです。

名古屋大学大学院の博士課程に在籍した折に、西口さんと植村さんとは同じ釜の飯という同志で、切磋琢磨を重ねてまいりました。今回、教育心理学のユニークな視野をもつ西口さんと社会心理学の鋭い見方をもつ植村さんと一緒に本書をまとめた経験は、とても得難いものであり、有難いものでした。また、私立短期大学の保育士養成課程と三校の国立大学の教職課程でのこれまでの勤務経験が大きな糧となっております。多くの先生方、そして、学生さん、院生さんはじめ、みなさまにあらためて感謝申し上げたく存じます。

また、私が執筆担当した箇所の一部におきましては、JSPS科研費JP17K04352の助成を受けました。ここに記して御礼申し上げます。

伊藤崇達

本書の企画から刊行までの長きにわたり、金子書房編集部の渡部淳子さんには、研究上の立場も系譜も異なる私たち三人の力を最大限に引き出す調整をはかっていただきました。要所ごとにあたたかい励ましと適確な示唆をいただいたこと、私たちにとってもたいへん有意義であった座談会を行うことができたこと、そして何よりも楽しく仕事が完遂できたことに深く感謝いたします。

二〇二〇年七月

著者一同

西口利文（Nishiguchi Toshifumi）　第 1 章第 1 〜 3 節、第 4 章、座談会

1995 年に三重大学教育学部卒、名古屋大学大学院教育学研究科博士前期課程修了、同博士後期課程単位取得退学。中部大学人文学部助手、講師、准教授などを経て、現在、大阪産業大学教職教育センター教授として勤務。博士（心理学）、公認心理師。専門は、教育心理学。教育の場で子どもたちや教師が自己や他者に向き合いさまざまな局面で成長する姿に強い関心がある。グループディスカッションはそこから派生したテーマのひとつ。ウサギの世話が日課。

〈主著〉

『問題対処の教師行動』学文社、2007 年（単著）

『グループディスカッションのためのコミュニケーション演習――賛否両論図を用いたアクティブラーニング』ナカニシヤ出版、2015 年（単著）

『ポジティブ生徒指導・予防的学級経営ガイドブック――いじめ、不登校、学級崩壊を予防する問題解決アプローチ』明石書店、2020 年（監訳）

植村善太郎（Uemura Zentaro）　第 1 章第 4 節、第 3 章、座談会

1994 年に早稲田大学商学部卒、1996 年に東北福祉大学社会福祉学部（福祉心理学科）卒、名古屋大学大学院教育学研究科博士前期課程修了、同研究科博士後期課程単位取得退学。愛知産業大学経営学部に専任講師として着任し、大阪大学大学院人間科学研究科助手、福岡教育大学教育学部附属教育実践総合センター専任講師、准教授を経て、現在、福岡教育大学教育学部教授として勤務。博士（教育心理学）。専門は、社会心理学、教育心理学。さまざまな社会的課題に関心があり、集合的なスケープゴートの構成過程が現在の研究上の関心。ジョギングしながら経路上のスーパーをはしごするのが週末の楽しみ。

〈主著〉

『仮想的有能感の心理学』北大路書房、2011 年（分担執筆）

『学校で役立つ社会心理学』ナカニシヤ出版、2013 年（分担執筆）

『スケープゴーティング――誰が、なぜ「やり玉」に挙げられるのか』有斐閣、2014 年（分担執筆）

伊藤崇達（Ito Takamichi）　第 2 章、座談会

1994 年に神戸大学教育学部卒、神戸大学大学院教育学研究科修士課程修了、名古屋大学大学院教育学研究科博士後期課程中途退学。神戸常盤短期大学に専任講師として着任し、愛知教育大学専任講師、准教授、京都教育大学准教授を経て、現在、九州大学大学院人間環境学研究院准教授として勤務。博士（心理学）。専門は、教育心理学、教授・学習心理学。「ともに自ら学びあう力」についての探究が、現在の研究上の関心。史跡巡りと歴史小説を読み耽るのが気分転換法。

〈主著〉

『自己調整学習の成立過程――学習方略と動機づけの役割』北大路書房、2009 年（単著）

『［改訂版］やる気を育む心理学』北樹出版、2010 年（編著）

『ピア・ラーニング――学びあいの心理学』金子書房、2013 年（共編著）

グループディスカッション
心理学から考える活性化の方法

2020年 9 月30日　初版第 1 刷発行　　　　検印省略

著　者　　西 口 利 文
　　　　　植村善太郎
　　　　　伊 藤 崇 達
発行者　　金 子 紀 子
発行所 株式会社 金 子 書 房
〒112-0012 東京都文京区大塚 3-3-7
TEL03-3941-0111／FAX03-3941-0163
振替 00180-9-103376
URL　https://www.kanekoshobo.co.jp

印刷／藤原印刷株式会社
製本／一色製本株式会社

ISBN978-4-7608-2435-9　　C3011　　Printed in Japan